Andri Silberschmidt und Esther Girsberger (Hrsg.)

Wohin, liebe Schweiz?

12 Gespräche mit inspirierenden Persönlichkeiten
mit Porträts von Sabina Bobst

NZZ Libro

Vielen Dank an Jean-Marc Probst, Manuel Rybach,
Thomas Schmidheiny, Zürcherische Seidenindustrie Gesellschaft
und weitere Persönlichkeiten für die Unterstützung
dieser Publikation.

Bibliografische Information der Deutschen Nationalbibliothek:
Die Deutsche Nationalbibliothek verzeichnet diese Publikation
in der Deutschen Nationalbibliografie; detaillierte bibliografische Daten
sind im Internet über http://dnb.d-nb.de abrufbar.

© 2023 NZZ Libro, Schwabe Verlagsgruppe AG, Basel

Lektorat: Ingrid Graf Kunz, Stein am Rhein
Korrektorat: Jürgen Blank, Riedern am Wald
Illustration Cover: Sonja Studer, Zürich
Umschlaggestaltung: Kathrin Strohschnieder, Oldenburg
Fotografie: Sabina Bobst, Zürich
Gestaltung, Satz: Claudia Wild, Konstanz
Druck, Einband: BALTO Print, Litauen

ISBN Print 978-3-907396-18-6
ISBN E-Book 978-3-907396-19-3

www.nzz-libro.ch
NZZ Libro ist ein Imprint der Schwabe Verlagsgruppe AG.

Inhaltsverzeichnis

Vorwort 7

«Die freisinnige Politik muss sich am Gemeinwohl aller
orientieren» *(Pascal Couchepin und Andri Silberschmidt)* 10

«Die Mehrheit der in der Schweiz lebenden Bevölkerung
vertraut den traditionellen Medien, auch wenn sie sie nicht
fördern will» *(Adrienne Fichter und Peter Wanner)* 26

«Für den Werkplatz Schweiz ist es eine riesige Herausforderung, die besten Leute in die Industrie zu holen und
dort zu halten» *(Daniel Lampart und Peter Spuhler)* 42

«Der Stadt-Land-Konflikt findet auf einer faktenfreien
Ebene statt» *(Eva Herzog und Urs Marti)* 56

«Bei den Sozialwerken scheint ein Schulterschluss zwischen
aufklärerischen Kräften und sozial Progressiven realistisch»
(Katja Gentinetta und Ueli Mäder) 72

«Ein universelles Recht auf Zuwanderung gibt es nicht»
(Karin Keller-Sutter und Thomas Straubhaar) 88

«Wir sollten den Verkehr auf dem leeren weissen Blatt
ganz neu planen» *(Aline Trede und Nils Planzer)* 104

«Wir brauchen eine Wirtschaft, die der Gesellschaft dient,
und nicht umgekehrt» *(Nadja Lang und Marc Maurer)* 118

«Sicherheit garantiert auch Wohlstand»
(Jane Owen und Walter Thurnherr) 134

«Alarmismus bei der Klimadebatte hat trotz Dringlichkeit
viel mit Populismus zu tun» *(Petra Gössi und Reto Knutti)* 150

«Es ist an der Zeit, ernsthaft über Bildungsgutscheine
nachzudenken» *(Matthias Aebischer und Michael Hengartner)* 166

«Es wäre wichtig, dass die liberalen Kräfte mehr Allianzen
schmieden» *(Tiana Angelina Moser und Andri Silberschmidt)* 184

Vorwort

In der Schweiz herrscht weder Monarchie, noch sind Monopole toleriert. Mit unserer kulturellen und sprachlichen Vielfalt ist die Schweiz zudem alles andere als monoton. Aber der Monolog dominiert immer mehr – nicht nur in Bundesbern. Auch in den Medien, ob digital oder Print, wird der Monolog zelebriert. Es geht mehr um eine Einwegkommunikation als ums Zuhören. Dabei geschieht das Spannende, das Verändernde, das Mutige, das Weitergehende vor allem im Dialog.

Deshalb haben wir uns für ein Buch entschieden, das sich dem Dialog, der gemeinsamen Auseinandersetzung widmet. Mit «Wohin, liebe Schweiz?» haben wir für Sie, liebe Leserin und lieber Leser, ein Werk verfasst, bei dessen Lektüre Sie in Gespräche von interessanten Persönlichkeiten eintauchen können. Es wird konstruktiv über Zukunftsreformen gestritten, und es werden nicht selten Kompromisse in zentralen Themen formuliert, bei denen die Schweiz heute stillsteht.

Vielleicht setze ich mich mit diesem Buch dem Risiko aus, in die Kategorie «Wichtigtuer» eingeordnet zu werden. Schliesslich ist es unüblich, nach noch nicht vier Jahren eidgenössischer Parlamentsarbeit und auch als in Jahren noch junger Nationalrat schon eine solche Publikation herauszugeben. Ich tue es trotzdem, und zwar unter anderem aus folgenden Gründen:

- Ich verzichte bewusst darauf, ein Buch zu veröffentlichen, das – möglichst noch in biografischer Form – ausschliesslich meine eigene Haltung und Meinungen umfasst. Es ist mir wichtig, unterschiedliche Persönlichkeiten aus allen politischen Lagern und auch ausserhalb der Politik mit ihren Gedanken zu Wort kommen zu lassen.
- Echte Dialoge sind aus meiner Sicht nicht nur interessanter, sondern auch zielführender als Einwegkommunikation. Wer in dieser Aussage auch ein Fazit meiner bisherigen Arbeit in zwei Parlamenten sieht – dem zürcherischen Gemeinderat und dem eidgenössischen Parlament –, liegt nicht falsch. Gerade im Nationalrat reden wir in

der Regel nicht mit-, sondern gegeneinander. Das fundierte Gespräch und der Austausch von unterschiedlichen Auffassungen kommen im polarisierten Bern eindeutig zu kurz. Das macht nicht zuletzt die Suche nach tragfähigen Kompromissen schwierig.

* Persönlich glaube ich mehr denn je an die Gültigkeit und an die Sinnhaftigkeit des liberalen Gedankenguts. Aber natürlich müssen wir, muss ich diese Überzeugungen im Dialog auch mit Andersdenkenden einer ernsthaften Überprüfung unterziehen. Auch das habe ich in Bern gelernt: Niemand hat für sich die Weisheit gepachtet; nicht selten haben auch politische Opponenten gute Argumente, die ernst genommen werden müssen.

Ausschlaggebend für dieses Buch war aber die Bereitschaft von Esther Girsberger, nicht nur als Mitherausgeberin zu zeichnen, sondern – und dies vor allem – bei der Auswahl der Persönlichkeiten mitzuwirken, die Gespräche zu führen und zu transkribieren. Wer Esther Girsberger kennt, weiss, dass sie einen fairen Dialog und den Austausch mit Andersdenkenden mindestens so nötig erachtet wie ich.

Dieses Buch soll dazu beitragen, dass im aktuellen Wahljahr vermehrt ergebnisoffene, faire Diskussionen über die wichtigen Zukunftsfragen zustande kommen. Und das über Parteigrenzen hinweg. Als jüngstes Mitglied des Nationalrats weiss ich noch längst nicht alles besser und bin darum offen für Gespräche, bei denen man sich zuhört und gelegentlich auch voneinander lernt.

Allen, die zum Zustandekommen dieses Buches beigetragen haben, danke ich herzlich. Ganz besonders auch Sabina Bobst, die dem Buch mit ihren stimmigen Schwarz-Weiss-Fotos eine weitere Informationsebene hinzufügt.

Zürich, im März 2023, Andri Silberschmidt

Andri Silberschmidt und Pascal Couchepin

Es stand für Andri Silberschmidt von Anfang an fest, dass das Auftaktgespräch zu dieser Publikation mit dem «Grandseigneur» des Freisinns geführt werden sollte. Pascal Couchepin sagte nicht nur sofort zu, sondern empfing am 14. Februar 2022, zwei Monate vor seinem 80. Geburtstag, in «seiner» Stadt Martigny, wo er während 30 Jahren in der Exekutive sass, 14 Jahre davon als Stadtpräsident. Der amtierende Nationalrat Andri Silberschmidt und der ehemalige Bundesrat Pascal Couchepin engagieren und engagierten sich stark in der politischen Debatte zur Altersversicherung. Dementsprechend nahm diese Thematik – neben dem beiden Politikern wichtigen «Gemeinwohl» des Freisinns – breiten Raum ein.

«Die freisinnige Politik muss sich am Gemeinwohl aller orientieren»

Pascal Couchepin, Sie wurden vor 43 Jahren in den Nationalrat gewählt. Andri Silberschmidt genau 40 Jahre später. Beneiden Sie ihn um die Zeit, in der er heute politisiert, oder hatten Sie es damals einfacher?

Pascal Couchepin: Ich war so lange in der Bundespolitik tätig, dass ich mehrere zeitliche Etappen durchmachte. Tatsächlich dünkt es mich, dass es etwas einfacher war. Die Zeit war noch geprägt vom Kalten Krieg, und die Welt war insofern in Ordnung, als man wusste, wer der Gegner war und woher die Bedrohung kam. Das prägte auch die Schweizer Politik. Nicht nur die Aussen- und Sicherheitspolitik, sondern auch die Sozialpolitik. Es war weniger schwierig, Mehrheiten für politische Positionen zu finden. Man war sich bewusst, dass man Mitglied des Systems ist und Lösungen finden muss.

Andri Silberschmidt: Diese vermeintlich stabilen Verhältnisse erlebe ich heute anders. Ich erlebte das Parlament als neu gewählter Nationalrat genau zwei Monate im Normalbetrieb, dann kam Corona. Aber auch unabhängig von der Pandemie haben wir es bisher leider verpasst, sich am runden Parlamentstisch zu grossen Reformen zu finden und in vernünftiger Zeit zu einer Lösung zu kommen. Die grossen Herausforderungen werden seit einiger Zeit verdrängt, zu 80 Prozent betreiben wir Paragrafenreiterei. Die Parteien beschränken sich oft auf Themen, auf die sie festgefahren sind, und sind wenig gewillt, sich auf andere Dossiers einzulassen. Das heisst, dass gewisse Themen wie die Altersvorsorge oder die Energie- und Klimapolitik zwar die Agenda beherrschen, man aber nicht wirklich weiterkommt.

Couchepin: Da gebe ich dir recht. Zu meiner Zeit dominierten zwar auch Parteienthemen die Agenden. Zum Beispiel bewirtschafteten James Schwarzenbach und seine Anhänger das Thema Migration während Jahren. Aber es herrschte nicht dieser Alarmismus, wie ich ihn heute feststelle. Mit absurden Resultaten. Wenn ich in gewissen Dörfern meine Spaziergänge mache, beschwört man den Weltuntergang aufgrund der Ausländer, obwohl man in diesen Dörfern keinem einzigen Ausländer begegnet.

Silberschmidt: Manche Parteien beschwören den Weltuntergang, wenn man nicht genau das tut, was sie für richtig erachten. Ein solches Beispiel ist die Diskussion um den Klimawandel. Für eine lebhafte Debatte wäre es wichtig, über verschiedene Wege zum Ziel diskutieren zu können. Das ist im Moment schwierig. Wenn ich einen anderen Weg vorschlage, werde ich in die Ecke derjenigen gestellt, die das Problem gar nicht anerkennen. Die sozialen Medien fördern diese Schubladisierungen zunehmend. Wenn ich befürchten muss, dass Gespräche aus einer geheimen Kommissionssitzung am nächsten Tag in den sozialen Medien schlagwortartig aufgegriffen werden, ist das Gift für die Debattenkultur. Mir scheint, man will Wahlen nicht mehr mit dem Lösen von Problemen, sondern mit deren Bewirtschaftung gewinnen.

Couchepin: In meiner Jugend habe ich das Buch *Utopia: The Perennial Heresy (Utopie: die ewige Häresie)* des in Ungarn geborenen und in den USA lebenden Thomas Molnar gelesen. Seine These prägt mich bis heute: Die Utopie bedeutet für die Politik, was gewisse Häresien des Christentums für die Theologie bedeuten. Sowohl Utopien wie gewisse Häresien vergessen den Faktor Zeit und die Tatsache, dass der Mensch nicht perfekt ist. Anhänger dieser Utopien oder Häresien wollen auf einen Schlag eine perfekte Gesellschaft erreichen. Sie meinen, dass das gelingen kann, indem sie die Diktatur des Guten anwenden. Ich habe den Eindruck, dass gewisse Exponentinnen und Exponenten der Grünen genau so denken und handeln. Sie wollen mit irgendwelchen Wundermitteln sofort eine perfekte Gesellschaft realisieren.

Welche Bedeutung hat das Christentum für Sie, Pascal Couchepin?

Couchepin: Das Christentum hat unsere Gesellschaft geprägt. Dank des Christentums hat man in der Politik auch essenzielle Fragen gestellt wie: Was ist eine Person, ein Individuum? Sind wir frei? Gibt es Bereiche, in die der Staat nicht eindringen darf? Ich habe mich auch gefragt, ob sich Demokratien durchsetzen können in Gesellschaften, die sich nicht auf die griechische oder die christlich-jüdische Philosophie stützen. Es ist gut, dass es einige Fälle von demokratischen Ländern wie Indien oder Taiwan gibt, die nicht von christlichen Traditionen geprägt sind. Ich bin dezidiert der Meinung, dass die Moral- und Wertedebatte nicht missbraucht werden darf. So ist zum Beispiel die Woke oder Cancel Culture schlicht nicht vereinbar mit unserer Vision einer liberalen Demokratie.

Ich bin der tiefen Überzeugung, dass die Politik sich auf Werte stützen muss, welche die ganze Gesellschaft durchdringen sollten. Der Liberalismus braucht ein moralisches und wertebasiertes Fundament. Wenn das nicht gelingt, dringt der Staat ins Private der Bürgerinnen und Bürger ein. Das wäre der Tod des Liberalismus.

Silberschmidt: Problematisch ist es tatsächlich, wenn man den eigenen Moralkompass anderen aufzwingen will. Mit dem Anspruch, dass es nur eine richtige Lösung gibt. Dagegen müssen wir uns als FDP wehren. Ich habe durchaus meinen moralischen Wertekompass, aber das heisst noch lange nicht, dass ich diesen auch gesetzlich durchsetzen will. Vor Kurzem fragte mich eine Journalistin einer Gratiszeitung, ob man nicht im Antirassismus-Gesetz aufnehmen sollte, dass jemand aufgrund seiner Afrofrisur nicht diskriminiert werden dürfe. Solche Forderungen sind doch absurd! Selbst wenn es mir nie in den Sinn kommen würde, eine Frisuren-Diskriminierung gutzuheissen, lehne ich immer mehr staatliche Regulierungen ab. In den sozialen Medien ist man dann aber

schnell mit einem Mob von selbst ernannten, meistens anonym agierenden Gerechtigkeitsfanatikern konfrontiert. Im grösseren Zusammenhang stellt sich mir die Frage nach dem liberalen Wertekompass auch bei der Behandlung von autoritären Staaten wie China: Der Staat hält nicht viel von liberalen Werten, aber sollen wir ihn deswegen pauschal verurteilen? Nein, denn die vielen Menschen können von einem Austausch von Waren und Wissen profitieren. Wir sollten aber aufmerksam sein, wenn es darum geht, dass autokratische Staaten gezielt auf die Schweiz Einfluss nehmen, zum Beispiel durch Investitionen in kritische Infrastrukturen. Letztlich findet auch ein Wettbewerb der Wertesysteme statt, da dürfen wir nicht naiv sein.

«Für mich ist eine minimale wertorientierte Grundhaltung eine Selbstverständlichkeit und deshalb keine Frage der Gesetze bzw. der Politik.» (Couchepin)

Couchepin: Für mich ist eine minimale wertorientierte Grundhaltung eine Selbstverständlichkeit und deshalb auch eine Frage des gesunden Menschenverstands und nicht der Gesetze bzw. der Politik. Nehmen wir den Fall Raiffeisen mit dem ehemaligen CEO Pierin Vincenz: Auch wenn er strafrechtlich freigesprochen worden wäre, moralisch ist er verurteilt. Das ist auch richtig so. Eine politische Partei sollte nicht als moralische Instanz auftreten. Entscheidend ist das Volk.

Silberschmidt: Ich wünsche mir, dass sich auch die jüngere Generation diese Haltung zu eigen macht. Ansonsten wird es immer schwieriger, die Regulierungsdichte einzuschränken. Nicht alles, was einem nicht gefällt, muss gleich reguliert oder verboten werden. Wir entwickeln uns weg von einer Leistungsgesellschaft hin zu einer Forderungsgesellschaft.

Couchepin: Deshalb sollte die Partei von Zeit zu Zeit eine Diskussion über philosophische Fragen führen. Das habe ich beispielsweise immer wieder mit dem ehemaligen FDP-Parteipräsidenten Franz Steinegger getan. Ich setze die Hoffnung in den jetzigen FDP-Parteipräsidenten Thierry Burkart, wenn er sich traut, philosophische Fragen auch öffentlich anzusprechen.

Silberschmidt: Wobei ich den Eindruck habe, dass die Jungparteien das teilweise schon machen. Ich wurde vor nicht allzu langer Zeit von den Jungsozialisten zu einem Seminar eingeladen. Sie lasen den ganzen Tag Karl Marx, und anschliessend spiegelten sie ihre Erkenntnisse bzw. ihren Wertekompass im Gespräch mit mir. Ich wurde regelrecht auf dem «heissen Stuhl» gegrillt. Die Jungfreisinnigen setzen sich ab und zu in Diskus-

sionsrunden auch mit ähnlichen Themen auseinander. Gerade in tagesaktuellen Fragen hilft ein starkes philosophisches Fundament, um nicht vom liberalen Weg abzukommen. Der Wert der Freiheit wird erst erkannt, wenn man nicht mehr frei ist. Im Zweifel müssen wir immer für die Freiheit sein. Je fundierter eine Diskussion, desto spannender wird sie auch.

Couchepin: Dieses gegenseitige Zuhören, die gegenseitige Toleranz zeigte sich früher auch im Parlament. Ich erinnere mich an die Einführung des Zivildienstes. Ich war in den 1980er-Jahren Präsident einer Untergruppe, die den Auftrag hatte, einen Vorschlag zur Einführung des Zivildienstes vorzubereiten. Mitglieder waren SP-Nationalrat Helmut Hubacher und Vertreter von SVP und CVP. Die Diskussion hat 20 Minuten gedauert, danach verabschiedeten wir einstimmig einen Textvorschlag. Dieser führte weder im Parlament noch im Volk zu Problemen. Das Ausführungsgesetz wurde auch nicht bestritten, und so ging alles ohne Referendum über die Bühne. Eine ähnlich gute Erfahrung habe ich mit der Leistungsabhängigen Schwerverkehrsabgabe gemacht. Ich war immer schon gegen das Verbot der 40-Tönner und habe denn auch die Idee lanciert, man solle 40-Tonnen-Lastwagen anstatt nur solche mit 28 Tonnen zulassen. Denn damit würde man die Produktivität der Branche verbessern, und die Massnahme würde es erlauben, einen Teil des erreichten Mehrwerts zugunsten des öffentlichen Verkehrs einzusetzen. Die Diskussion dieser Idee mit Vertretern der bürgerlichen Parteien blieb erfolglos. Also ging ich zum damaligen SP-Parteipräsidenten Peter Bodenmann. Wir erarbeiteten einen Vorschlag und präsentierten diesen an einer Medienkonferenz. Einige lachten über die «Walliser Connection». Aber innert einiger Jahre war die Idee umgesetzt und auch nicht mehr umstritten.

Silberschmidt: Solche Allianzen sind heute, gerade im Nationalrat, eher selten, da die Parteiprofilierung an Bedeutung zugenommen hat. Das Schmieden von Allianzen entspricht meinem Naturell, weshalb ich zum Beispiel bei der Sanierung der AHV einen grossen Kompromiss anstreben will. Nur bringt man innovative Lösungen eher zustande, wenn man sie ausserhalb des Parlamentsbetriebs diskutiert und danach versucht, Allianzen mit vernünftigen Parteivertretern zu schmieden. Die Kommissions- und Ratssitzungen sind sehr durchgetaktet, weshalb kaum Zeit für Kompromissfindungen bleibt. Man kommt mit vorbereitenden Anträgen in die Sitzung, begründet diese, und dann wird abgestimmt. In der Sozialpolitik braucht es unbedingt neue Wege, denn die Folgen des demografischen Wandels sind offensichtlich. Alle sind sich einig, dass die AHV-Renten auf die Dauer nicht mehr finanzierbar sind. Bis jetzt fehlte aber die Bereitschaft, verschiedene langfristige Lösungswege zu diskutieren. Die Angleichung des Rentenalters der Frauen auf 65 Jahre und die Erhöhung der Mehrwertsteuer um 0,4 Prozent bringt lediglich für vier Jahre Stabilität, danach kommen tiefrote Zahlen. Eine nachhaltige Reform zur langfristigen Sicherung der AHV ist ohne Kompromiss nicht möglich. Aber Kompromisse müssen einen Sinn ergeben, sonst kann man sie in einer Volksabstimmung nicht erklären, und diese sind chancenlos, wie man bei der Abstimmung über die Altersvorsorge 2020 beobachten musste.

Couchepin: Ich erachte euren Vorschlag der Renteninitiative, wonach das Rentenalter auf 66 angehoben und an die Lebenserwartung gekoppelt wird, für sehr sinnvoll. Warum versuchst du nicht, linksorientierte «freie Geister» für diesen Vorschlag zu gewinnen?

Silberschmidt: Natürlich versuchen wird das. Nur gibt es einfach zu viele Sozialdemokraten, die sich strikt gegen die Erhöhung des Rentenalters wehren und keinerlei Kompromissbereitschaft zeigen. Ich stelle fest, dass man zu Beginn einer Diskussion ganz gut mit verschiedenen Parteien zusammenarbeiten kann. Sobald die Ideen aber konkret werden, steigt die Gefahr, dass es zu einem Bruch kommt, weil man den Initianten den Ruhm nicht gönnen mag. Wenn ich etwas gelernt habe in der kurzen Zeit meines Parlamentarierlebens, dann das: Wenn man sich selbst zurücknimmt und dem anderen das Gefühl gibt, er oder sie habe das Ei des Kolumbus gefunden, erhöht das die Erfolgswahrscheinlichkeit. Im politischen Alltag herrscht eine Neidkultur.

Couchepin: Vielleicht gäbe es noch einen anderen Weg bei der AHV-Finanzierung. Mit der Erhöhung des Rentenalters fördert man das Wirtschaftswachstum. Um die Unterstützung von vernünftigen Linken zu erhalten, müsste man als «Kompensation» des höheren Rentenalters zusätzliche Umweltschutzmassnahmen unterstützen.

Silberschmidt: Grundsätzlich tönt das äusserst sympathisch. Im Parlament wäre man damit vielleicht sogar erfolgreich. Nur muss man auch das Volk überzeugen. Die Bevölkerung mag zweckfremde Verknüpfungen weniger. Obwohl, im Kanton Zürich hat das kürzlich funktioniert, wobei das Volk darüber nicht abstimmen musste: Das Parlament brachte eine Steuersenkung durch, indem dafür Gelder für die Kinderbetreuung und die Vereinbarkeit von Beruf und Familie gesprochen wurden. Die Schnürung eines Pakets wird schnell als Erpressung angesehen. Da haben es Parteien in anderen Ländern, wie zum Beispiel in Deutschland, einfacher. Sie schliessen einen Koalitionsvertrag, und danach hat man sich die nächsten vier Jahre zu richten. In der Schweiz nehme ich keine strategische Führung bei den wichtigen Politikfeldern in einer Legislatur wahr. Wäre das nicht die Aufgabe des Bundesrats?

Couchepin: Doch. Aber das ist auch eine Sache des Vertrauens. Wir führten zu meinen Zeiten tatsächlich fruchtbare Diskussionen in Strategiesitzungen. Das ist besser möglich, wenn die Allianzen innerhalb und zwischen den Personen funktionieren. Von aussen gesehen habe ich den Eindruck, dass dies schwieriger geworden ist, sogar auf Ebene des Bundesrats.

Silberschmidt: Aber die Frage der sich vertrauenden Persönlichkeiten stellt sich auch im heutigen Parlament.

«Die mangelnde Weitsichtigkeit hat auch etwas mit Geld zu tun.» (Couchepin)

Couchepin: Die mangelnde Weitsichtigkeit hat auch etwas mit Geld zu tun. Sowohl in der Sozialpolitik als auch in der Umweltpolitik muss man Massnahmen finanzieren können, ohne die Wirtschaft kaputt zu machen.

Silberschmidt: Die meiste Zeit diskutiert das Parlament, wie das Geld verteilt wird, und nimmt es als Selbstverständlichkeit an, dass es einfach vorhanden ist. Wir vernachlässigen die Frage, welche Branche in welchem Ausmass ans Staatswesen beiträgt. Im Parlament spricht man immer nur von der Verwaltung und den angrenzenden Gebieten wie beispielsweise den Schulen, die allesamt sehr wichtig sind, aber den Staatshaushalt nicht finanzieren. Steuerzahlerinnen und Steuerzahler, ob Private oder Firmen, werden in den parlamentarischen Debatten zu wenig berücksichtigt. Ich denke an die Pharmabranche, aber auch die Industrie, an den Finanzplatz oder den IT- und Dienstleistungssektor. Das Bruttoinlandprodukt pro Kopf ist in den letzten Jahren nicht mehr gestiegen. Der Fakt, dass dank mehr Arbeitsplätzen in diesen Bereichen auch mehr Steuern bezahlt werden, bleibt aussen vor. Würden wir die Rahmenbedingungen für Unternehmen verbessern, könnten wir auch in Zukunft überdurchschnittlich gute Löhne und Arbeitsplätze anbieten. Machen wir weiter wie bisher, wird die Schweiz Mittelmass werden. Bis wir das realisieren, wird es wohl zu spät sein.

Couchepin: Der Wind hat gedreht. Der Wirtschaft geht es immer mehr an den Kragen. Das zeigt sich nicht nur bei Abstimmungen wie der Abschaffung der Stempelsteuer, sondern vor allem, sehr schmerzlich, beim gescheiterten Rahmenabkommen mit der EU. Die Grünen sind apodiktisch gegen das Wirtschaftswachstum. Bei der SP sehe ich da weniger schwarz. Sie wollen ja ihren Anteil am Vermögen, also können sie nicht gegen das Wirtschaftswachstum sein. Wenn sie ständig höhere Löhne wollen, dann sind sie doch eigentlich für das Wachstum. Denn ohne Wachstum kann man nicht mehr verteilen.

Silberschmidt: Gerade die Grünen müssten doch eigentlich den Umbau in Richtung ökologischer Wirtschaft anstreben. Das schafft man aber nur mit Wachstum. Ansonsten droht eine Massenarbeitslosigkeit. Die Grünen müssten sich viel stärker dafür einsetzen, dass die Old Economy in die New Economy übergeführt wird. Nehmen wir als gutes Beispiel die Zementindustrie: Man investiert in die Produktion und setzt sich für die Wiederverwendung des Abfalls ein, anstatt die Produktion per se zu verteufeln.

Couchepin: Dafür braucht es den Staat aber nicht.

Silberschmidt: Jein. Der Staat, am Schluss also das Volk, setzt das Ziel, beispielsweise einen Netto-Null-CO_2-Ausstoss bis 2050. Wie man das erreichen will, das soll dann die Wirtschaft und Gesellschaft in aller Freiheit selbst bestimmen. Es braucht Spielregeln mit dem Umgang von externen Kosten, die zum Beispiel durch die Luftverschmutzung verursacht werden.

Couchepin: Mit dem Ziel bin ich einverstanden.

Silberschmidt: Das Problem ist, dass man bis anhin die externen Kosten in verschiedenen Bereichen nicht genügend internalisieren konnte und deshalb keine Kostenwahrheit besteht. Dies führt zu einer falschen Allokation von Konsum und Investition. Weil der Markt nicht alle externen Kosten internalisiert, geht es eben nicht ganz ohne den Staat. Die Verbindung von ökologischer und ökonomischer Wirksamkeit braucht Regulierungen. Mir ist es lieber, den Staat bei den Zielen mitwirken zu lassen als bei den Massnahmen. Zumal wir immer mehr im internationalen Verbund agieren. Alle Staaten sind verpflichtet, Massnahmen zu ergreifen.

Hat der Nationalstaat angesichts der globalen Herausforderungen an Bedeutung verloren?

Couchepin: Bei den Staatsausgaben waren wir bei einer Vollkostenrechnung vor 20 Jahren bei etwa 25 Prozent. Heute sind wir bei 40 Prozent. Von daher gesehen kann man wahrlich nicht davon sprechen, dass der Nationalstaat an Bedeutung verloren hat. Gefährlich ist, dass wir immer mehr verteilen. Man gibt ein wenig hier und ein wenig da, alle machen die hohle Hand bei den Subventionen. In mehreren Kantonen subventioniert man den Kauf von Elektrofahrzeugen. Das fällt doch nicht ins Gewicht! Wegen der Subventionen allein kauft man sich doch kein solches Fahrzeug!

Silberschmidt: Früher war der Liberalismus eine Selbstverständlichkeit. Heute nimmt der staatliche Teil der sozialen Marktwirtschaft immer mehr zu, der rein marktwirtschaftliche Teil stetig ab. Staatsbetriebe oder staatsnahe Betriebe konkurrenzieren die privaten Firmen immer häufiger. Das stört kaum jemanden. Mit dem Liberalismus als solchem gewinnt man heute keinen Blumenstrauss mehr. War das Vertrauen in den Liberalismus früher nicht grösser?

Couchepin: Da bin ich mir nicht so sicher. Exemplarisch erwähne ich eine Anekdote, die ich als 13-Jähriger erlebte. Ich habe gegenüber einem freisinnigen Freund, dessen Vater Posthalter war, etwas Kritisches über die SBB gesagt. Er sprang mir fast an die Gurgel. «Als Freisinniger kritisiert man keinen Staatsbetrieb!» Mein Bruder, der Divisionär war, vertrat diese politische Tradition in meinem Umfeld. Der Freisinn nennt sich nicht von ungefähr staatstragende Partei. Dem Freisinn lag das Gemeinwohl schon immer am Herzen.

Mit einer solchen Aussage stossen Sie auf erbitterten Widerstand bei den Sozialdemokraten und den Grünen.

Couchepin: Was nicht heisst, dass ich nicht recht habe! Die SP ist zur Genossenschaft von verschiedenen Minderheiten geworden. Sie ist zersplittert. Eine Gruppe setzt sich für die Frauen ein, eine für die LGBTQ, eine dritte für die Arbeitnehmenden. Die SP ist ein Konglomerat von kulturellen und vermeintlich sozialen Interessen geworden.

Silberschmidt: Das ist unsere Chance, denn die freisinnige Politik muss sich am Gemeinwohl aller orientieren. Es ist die philosophische Grundüberzeugung der Liberalen, allen zu dienen, nicht spezifischen Klassen. In der Öffentlichkeit werden wir zu stark als die Partei wahrgenommen, die sich für die Gutverdienenden einsetzt, für die, die ohnehin schon viel haben. Man wirft uns zu Unrecht vor, das Gemeinwohl zu vernachlässigen.

Couchepin: Die Privatinteressen dürfen nicht verloren gehen. Wenn wir aber die Einzelinteressen zu stark betonen, verlieren wir.

Silberschmidt: Unsere Raison d'être ist es, verschiedenen Interessen gerecht zu werden. Das liegt in der DNA der Schweiz mit ihren verschiedenen Kulturen und Landessprachen. Das liegt auch in der DNA des Freisinns. Dennoch müssen wir konsequenter Nein sagen zu Entwicklungen, die zu weit gehen. Die Jungen machen uns das vor, indem sie referendumsfähiger sind als die Mutterpartei. Es gelingt dem Freisinn noch zu wenig, auf der Strasse zu mobilisieren. Die Zeiten sind heute anders als vor 50 Jahren, als wir wirklich staatstragend waren.

«Es muss die philosophische Grundüberzeugung eines jeden Liberalen sein, allen zu dienen.» (Silberschmidt)

Um an den Anfang unseres Gesprächs zurückzukehren und zu fragen, wie ein älteres politisches Urgestein die heutige Politik wahrnimmt: Ist es zu begrüssen, dass das eidgenössische Parlament im Durchschnitt 20 Jahre jünger ist als damals? Schliesslich sollten die Jungen über das System bestimmen, das sie in 20 Jahren noch aktiv miterleben.

«Ich bin der Gesellschaft verpflichtet, nicht der Parteidoktrin.» (Couchepin)

Couchepin: Meine Antwort fällt kurz aus: Es braucht eine gesunde Mischung.

Silberschmidt: Dem stimme ich zu hundert Prozent bei. Problematisch ist im Parlament die Tendenz zur Professionalisierung. Es wird immer verpönter, Ämter ausserhalb des politischen Betriebs anzunehmen, die in direktem Zusammenhang zur parlamentarischen Arbeit stehen. Ich würde nicht in eine Kommission gehen, nur weil sie meine berufliche Ausrichtung tangiert.

Couchepin: So puristisch würde ich jetzt nicht sein. Ich würde einfach kein Mandat annehmen, dass du nicht von heute auf morgen wieder aufgeben kannst. Du könntest doch ohne Probleme in einer Verkehrskommission tätig werden. Das heisst noch lange nicht, dass du entsprechend den Mandatsinteressen handeln müsstest. Ich bin doch nicht Sklave meines Mandats! Vergessen wir den Dogmatismus! Es hat mich erstaunt, als mich die NZZ einmal als Etatisten verschrien hat, nur weil ich mich nicht gegen einen starken Staat gewehrt habe. Ich bin der Gesellschaft verpflichtet, nicht der Parteidoktrin. In allem, was ich tue.

23

Pascal Couchepin (1942) wuchs in Martigny auf. Er stammt aus einer traditionell freisinnig geprägten Familie. Sein ganzes Leben widmete Couchepin denn auch der freisinnigen Politik. Nach dem Jurastudium und dem Anwaltsexamen wurde er mit 26 Jahren in die Exekutive von Martigny gewählt. Zwischen 1984 und 1998 war er Stadtpräsident, ab 1979 auch Mitglied des Nationalrats. Von 1989 bis 1996 war er Fraktionschef der FDP. 1998 wurde das Animal politique in den Bundesrat gewählt. Couchepin leitete zunächst das Volkswirtschaftsdepartement, danach bis zu seinem Rücktritt 2009 das Eidgenössische Departement des Innern.

Andri Silberschmidt (1994) ist Nationalrat, Vizepräsident der FDP.Die Liberalen Schweiz und Unternehmer aus Zürich. Von 2013 bis 2019 studierte er nebenberuflich Betriebsökonomie und schloss mit einem Master in Global Finance an der Bayes Business School in London ab. Beruflich ist er als Sekretär des Verwaltungsrats der Planzer Transport AG tätig. Weiter ist Andri Silberschmidt Mitbegründer und Verwaltungsratspräsident des Gastrounternehmens kaisin, Verwaltungsrat der Jucker Farm AG und Präsident von FH SCHWEIZ, dem Dachverband der Fachhochschul-Absolventinnen und -Absolventen.

Adrienne Fichter und Peter Wanner

Der Aargauer Peter Wanner stammt aus einer Verlegerfamilie, die ihr Unternehmen im Jahr 1836 gründete. Er leitete die Firma in vierter Generation bis Frühling 2023. Seine Gesprächspartnerin Adrienne Fichter gehört dem jüngsten erfolgreichen Medium seit der ersten Stunde an, nämlich dem 2018 gegründeten Onlinemagazin *Republik.ch*. Bei ihrem ersten persönlichen Treffen am 4. Mai 2022 in Zürich begegneten Fichter und Wanner einer staatlichen Medienförderung genauso skeptisch wie den heutigen Medienschaffenden, die für eine erfolgreiche Berufsausübung allerdings bessere Arbeitsbedingungen antreffen müssten.

«Die Mehrheit der in der Schweiz lebenden Bevölkerung vertraut den traditionellen Medien, auch wenn sie sie nicht fördern will»

Wie gross ist der Einfluss des Internets bzw. der sozialen Medien auf die Demokratie?

Peter Wanner: Sehr gross. Die Digitalisierung hat die Struktur der traditionellen Medien in einem nie da gewesenen Ausmass beeinflusst – und damit auch den demokratischen Prozess. Vielleicht das Positive zuerst: Die Partizipation hat zugenommen, jede und jeder kann sich beteiligen. Dann aber gleich auch meine Bedenken: Das Internet ist Einfallstor für Fake News, Verschwörungstheorien, Verleumdungen. Die Debatten verrohen zum Teil, was eine klare Bedrohung für die Demokratie ist. Es sind in erster Linie die Rechtspopulisten, zuvorderst natürlich Donald Trump, welche die sozialen Medien für sich entdeckt haben und damit umzugehen wissen. Das ist insofern brandgefährlich, als die traditionellen Medien, obwohl sie sich digitalisieren, erheblich verlieren. Die traditionellen Medien hatten früher die Gatekeeper-Funktion und steuerten den Diskurs meiner Meinung nach durchaus zum Wohl der Demokratie. Heutzutage sind es andere Gruppierungen, die sich über die sozialen Medien Resonanz verschaffen, was wir in grossem Ausmass während der Coronapandemie und dann während des Angriffskriegs von Putin in der Ukraine erlebt haben.

Adrienne Fichter: Zweifellos hat die Digitalisierung den demokratischen Prozess enorm beeinflusst, was wir schon 2017 in unserer Publikation *Die Smartphone-Demokratie* beschrieben haben. Die Digitalisierung hat die traditionellen Medienhäuser zu ganz neuen Geschäftsmodellen gezwungen. Aber die Beziehung zwischen den Geschäftsmodellen, den neuen Techfirmen und dem Publikum ist noch nicht definiert und hat sich schon gar nicht etabliert. Die Werbegelder sind ins Silicon Valley abgeflossen, und die Medienhäuser haben versucht, diesen Abfluss zu kompensieren. Was allerdings in der Kommunikation nach aussen gründlich schiefgelaufen ist. Davon zeugt nur schon das Medienförderungsgesetz, das im Februar 2022 bachab geschickt worden ist. Ja, der Medienstrukturwandel ist erheblich. Aber man weiss bis heute nicht, worum es bei diesem Strukturwandel wirklich geht.

Worum geht es denn?

Fichter: Um «the big picture», das niemand hat. Wir haben es mit Intermediären zu tun, mit neuen Plattformen. Die haben durchaus ihr Gutes: Sie wirken emanzipatorisch, es gibt neue Stimmen, die sich artikulieren können. Kurz: Die Kommunikation ist sehr viel partizipativer geworden. Zum anderen aber, und das ist die negative Seite, haben wir es mit sehr viel Trittbrettfahrern zu tun. Das können Personen sein, aber auch neue Medien, die sich als Experten ausgeben, aber eigentlich Fake News produzieren, aus kommerziellen, aber auch aus politischen Interessen. Den Grundstein für diese Fehlentwicklung legten die Medienhäuser in den 1990er-Jahren. Sie begingen den Sündenfall, ihren Inhalt gratis ins Netz zu stellen.

Wanner: Einverstanden, das war ein Fehler. Aber wenn alle Verleger den Inhalt nicht gratis angeboten hätten, wäre das nur schon aus kartellrechtlichen Gründen problematisch gewesen, weil nach Absprache aussehend. Zudem: Die öffentlich-rechtlichen Medien, die gebührenfinanziert sind, konnten die Medienkonsumentinnen und -konsumenten

nicht ein zweites Mal zur Kasse bitten. Sie waren und sind hier im Vorteil. In einem freien Markt führt dies zu einer Wettbewerbsverzerrung, wenn die einen ihren Inhalt gratis anbieten, die anderen aber nicht. In Deutschland versuchten zwar die Verleger, Pendler-Gratiszeitungen zu verhindern. In der Schweiz war dies aber nicht möglich, weil Tamedia mit *20 Minuten* auf diese Einnahmequelle nicht verzichten wollte. Ich wehre mich als Verleger deshalb gegen den Vorwurf, wir hätten komplett versagt, man muss immer auch die Marktverhältnisse berücksichtigen. Hinzu kommt, dass die Big-Tech-Firmen vertriebsmässig ein raffiniertes Geschäftsmodell aufgezogen haben: Sie verdienen am Vertrieb der Inhalte und nicht am Content. Die Herstellung der Inhalte überlassen sie getrost den Verlegern.

Fichter: Ich akzeptiere ja, dass man es in den 1990er-Jahren nicht besser gewusst und deshalb für qualitativ wertvollen Inhalt nichts verlangt hat. Unverzeihlich ist aber, dass man diesen Fehler seit über 20 Jahren nicht korrigiert hat. Die Medienkonsumierenden haben sich viel zu lange daran gewöhnt, den Inhalt gratis zu beziehen. Die Medienhäuser haben das akzeptiert, mit dem Hintergedanken, dadurch neue Zielgruppen zu erreichen. Die Paywalls, die man halbherzig einrichtete, sind löchrig und haben den Fehler also auch nicht wirklich korrigiert.

Wanner: Wir müssen aber doch unterscheiden zwischen dem Paywall-Modell und dem Reichweiten-Modell. Zweiteres ist mittlerweile profitabel, wie etwa *Blick-Online, 20 Minuten* und *watson* beweisen. Sehr viel schwieriger ist es beim Paywall-Modell, auch wenn es Beispiele gibt, die funktionieren, siehe *Republik* und NZZ. Man kommt finanziell einigermassen raus, aber wirklich gutes Geld verdient man damit nicht. Denn der Deutschschweizer Markt ist sehr klein. Da hat es die *New York Times* einfacher, ihre Digitalausgabe ist mittlerweile hochrentabel.

Fichter: Aber auch nur wegen der Wahl von Donald Trump. Das Paywall-Modell der *New York Times* funktioniert mit anderen Worten einzig aus politischen Gründen.

Die Medienlandschaft wird immer komplexer und für viele Nutzerinnen und Nutzer unübersichtlicher. Ist man nicht auf eine gewisse Übersicht angewiesen und ein Regulativ, damit man im Alltag nicht einer automatischen und unbewussten (politischen) Mediennutzung und Informationsverarbeitung ausgeliefert ist?

Fichter: Vor allem erachte ich es als problematisch, wenn die Lenkung einer bisher demokratischen Plattform durch eine einzige Person vorgenommen wird. Was durch die Übernahme von Twitter durch Elon Musk droht.

Wanner: Medien brauchen Innovation. Und Musk ist unglaublich innovativ. Tesla kam nur dank des Genies Musk zustande. Unglaublich, wie er die Elektromobilität vorausgesehen hat. Im Fall von Twitter, wissen wir noch nicht im Detail.

Fichter: Twitter ist nicht Tesla. Das Medium wurde zur öffentlichen Arena für die öffentliche Meinungsbildung, die ohne grosse Algorithmen auskommt und demokratiepolitisch sehr wertvoll ist. Der Diskurs etwa zwischen der Wissenschaft und Medienschaffenden zwingt die Beteiligten, sich gegenseitig Rechenschaft abzulegen Der zugegebenermassen geniale, aber auch sehr privilegierte Musk hat den Twitterdienst gekauft und betreibt ihn nach seinen eigenen, nicht demokratisch legitimierten Regeln. Das ist gefährlich. Ich teile zwar seine Meinung, dass ein nur werbefinanziertes Geschäftsmodell keine Zukunft haben soll. Ich begrüsse auch, dass er keine Datenauswertung mehr verlangen will, sondern eine Gebühr oder dass er die Algorithmen Open Source stellen will. Aber seine wahre Motivation ist doch, dass er jegliche Zensur abschaffen und damit auch Gruppierungen zulassen will, die dem nötigen Minderheitenschutz keinerlei Bedeutung zumessen. Er allein entscheidet. Das erachte ich als höchst problematisch.

Wanner: Einspruch: Ein Medium wird nicht besser, wenn viele dreinreden. Im Gegenteil, viele Medieninnovationen sind unternehmerische Einzelleistungen. Denken Sie zum Beispiel an den *Spiegel.* Oder an die *Washington Post,* die qualitativ enorm zugelegt hat, nachdem sie von Jeff Bezos übernommen wurde.

Fichter: Hat man je untersucht, wie frei die Medienschaffenden der *Washington Post* wirklich berichten? Vordergründig sind die Journalistinnen und Journalisten sicher total frei. Aber ich bezweifle, dass sie je kritisch über Amazon schreiben werden. Die Selbstzensur wirkt ohne Einfluss des Eigentümers, nämlich in den Köpfen der Journalistinnen und Journalisten. Dasselbe gilt übrigens auch für die Medienhäuser, die von Google gefördert werden, und das sind mittlerweile leider fast alle.

31

Dann müssten Sie sich aber auch gegen eine staatliche Medien-
förderung aussprechen. Wenn der Staat finanziert, wirkt die Selbst-
zensur ebenfalls.

Fichter: Persönlich bin ich deshalb gegen eine staatliche Medienförderung. Als Journalistin mit Schwerpunktthema «Technologie und Demokratie» möchte ich völlig unabhängig über die Digitalisierung der
Schweiz recherchieren und schreiben können. Aber eine Umfrage bei
unseren Leserinnen und Lesern und damit auch Verlegerinnen und Verlegern der *Republik* ergab, dass eine Mehrheit eine Medienförderung
durch den Staat befürworten würde. Für die gesamte Medienlandschaft
kann ich mich persönlich mit einer Medienförderung anfreunden, um
das Loch der wegbrechenden Werbegelder zu stopfen und um den
Medienunternehmen die nötige Zeit zu geben, sich ein nachhaltiges
Geschäftsmodell zu überlegen.

Der liberale Peter Wanner war bei der Medienförderung weniger
zurückhaltend und hat die Vorlage begrüsst, die dann allerdings beim
Volk keine Gnade fand.

Wanner: Ich setzte mich mit schweren Gewissensbissen für das Medien-
förderungspaket ein. Wenn ich es getan habe, dann nur wegen der Frühzustellung. Es ist doch paradox, wenn der Staat die Postzustellung fördert, nicht aber die Frühzustellung, obwohl die Leute ihre Zeitung beim
Frühstück lesen wollen und nicht erst am Mittag. Im Fall von CH Media
verteilen wir knapp 90 Prozent unserer Zeitungen über die Frühzustellung. Deshalb war ich für die Medienförderung, obwohl ich mit dem
Digitalgesetz nichts anfangen konnte. Wenn weiter über Medienförderung diskutiert wird, dann bin ich jetzt dezidiert für einen liberalen
Ansatz.

Was heisst das konkret?

Wanner: Man müsste die SRG-Gebühren von heute 335 Franken reduzieren auf etwa 235 Franken, denn die SRG wird sich nur erneuern, wenn
sie weniger Geld bekommt. Die jährliche Rechnung für
die Erhebung der Radio- und Empfangsgebühren bliebe
zwar etwa gleich hoch, mindestens bei rund 300 Franken,
sie müsste aber mit zwei Gutscheinen für jeden Haushalt
ergänzt werden: einem Gutschein für ein nationales

«Die SRG wird sich nur
erneuern, wenn sie
weniger Geld bekommt.»
(Wanner)

32

Medium und einem für ein regionales Medium. Jede Haushaltung könnte dann frei entscheiden, ob sie die *Republik* oder die *Weltwoche,* den *Wohler Anzeiger* oder die *Basler Zeitung* unterstützen will. Damit könnte die SRG ihren Onlineauftritt beibehalten, aber mit der Einsendung der Gutscheine würden eben auch die Onlineportale der privaten Medienunternehmen gefördert. Das wäre eine demokratische Lösung, und wir hätten die staatliche Medienförderung und damit dieses mir widerstrebende etatistische Denken ein für alle Mal vom Tisch. Ob das Parlament sich je für einen neuen Anlauf zur Medienförderung aufrafft und wie diese aussieht, werden wir sehen.

Warum drucken Sie überhaupt noch eine Zeitung, Herr Wanner?

Wanner: Die gedruckte Zeitung gibt es noch lange, zumindest hoffe ich das. Auch das Buch hat überlobt, und wir erleben gerade eine Renaissance der Vinyl-Schallplatten. Allerdings glaube ich langfristig nur noch an eine Printausgabe, die einmal oder zweimal wöchentlich erscheint. Es gilt das Diktum des verstorbenen italienischen Schriftstellers Umberto Eco, der vorausgesagt hat: «Die Zukunft der Tageszeitung ist die Wochenzeitung.» Unter der Woche liest man digital, aber am Wochenende will man nach wie vor das Papier in die Hand nehmen und ausführlich lesen. Mit diesem Modell sinkt der Abopreis massiv, denn wenn nicht mehr täglich gedruckt wird, halbieren sich die Papier-, Druck- und Vertriebskosten. Die Einnahmen gehen zwar zurück, die Kosten im Gleichschritt aber auch. Wenn ich nicht daran glauben würde, hätte ich nicht in Druckmaschinen investiert. Eine *Coop-Zeitung* oder ein *Migros-Magazin* beispielsweise denkt nicht daran, sich aus dem Print zu verabschieden. Beilagen kann man digital nicht gut beilegen, zumindest werden sie nicht beachtet.

Fichter: Auch ich sehe die Vorteile der gedruckten Zeitung. Die haptische Erfahrung und das Umfeld, in dem man Medien konsumiert, spricht für Print. Sogar die *Republik* gibt es jetzt gedruckt. Sie liegt in Cafés auf, damit wir neue Zielgruppen ansprechen können.

Sind Print und Digital auch inhaltlich unterschiedlich positioniert?

Fichter: Unbestritten hat man im digitalen Journalismus sehr viel mehr Möglichkeiten, was die Aufmachung anbelangt. Man kann Videos einbauen, Bildstrecken, Grafiken, und das alles sehr schnell. Das Storytelling ist einfacher im Digitalen. Gleichzeitig läuft man Gefahr, zulasten der Faktentreue zu viel Gewicht darauf zu legen, wie sich der Beitrag verkauft bzw. wie oft er geteilt wird. Mit der Kommerzialisierung verliert dieser entscheidende journalistische Anspruch manchmal an Bedeutung. Das ist meines Erachtens auch der wahre Grund, dass das Vertrauen in den Journalismus etwas verloren hat. Der User merkt zwar, dass nicht alles hieb- und stichfest ist, allerdings erst dann, wenn es zu spät ist. Immerhin dünkt es mich, dass man diese negative Entwicklung erkannt hat und Gegensteuer gibt.

Stimmt der weitverbreitete Eindruck, die journalistische Qualität sei schlechter geworden?

Wanner: Nein. Die Qualität ist nicht schlechter geworden, eher im Gegenteil. Die Vielfalt hat zugenommen, man kann sich die Medien aussuchen, die man konsumieren will, und dieser Wettbewerb wirkt sich grundsätzlich positiv auf den Inhalt aus. Was aber zugenommen hat, ist das Medien-Bashing. Aber nicht wegen der angeblichen Qualitätseinbusse, sondern wegen der Populisten, die, wenn ihnen etwas nicht passt, das sofort über die sozialen Medien kundtun. Dieser Unmut verbreitet sich rasant und wird schnell multipliziert. Die Politik erlebt im Übrigen das Gleiche. Die kommt ebenfalls auf eine Art und Weise dran, muss sich

Schimpftiraden und falsche Unterstellungen gefallen lassen, die unerträglich sind.

Fichter: Das Medien-Bashing ist in der Schweiz erst seit der Wahl von Donald Trump festzustellen, und wir haben diese Unsitte ebenfalls aus den USA importiert. Dort ist das Mediensystem zwar sehr viel stärker polarisiert als in der Schweiz, und das Bashing erstaunt deshalb nicht. Aber trotzdem haben wir es teilweise übernommen. Ein nicht unwesentlicher Anteil an dieser Entwicklung haben wir den Messenger-Apps zu verdanken, die von vielen als gleichwertig zu den Inhaltsmedien wahrgenommen werden. Was sie aber eindeutig nicht sind, weil die Faktentreue dort nicht gegeben ist. Solche Plattformen verstehen wir noch viel zu wenig. Deshalb müsste man die Big-Tech-Unternehmen an die Kandare nehmen. Sie sind stark auf Datenauswertung ausgerichtet, was nur dann in Ordnung ist, wenn jeder User wählen kann und seine News Feeds selber kuratieren kann. Wobei ich trotz allem auch an die Selbstverantwortung der Medienkonsumierenden appelliere. Diese sind viel zu passiv und nehmen alles einfach hin.

Wanner: Ich bin zwar mit der Analyse einverstanden, dass Algorithmen und computergesteuerte News-Informationen höchst problematisch sind und deshalb eine Regulierung stattfinden muss. Aber ich würde diese über ein europaweites Leistungsschutzrecht vornehmen. Die Medienunternehmen sollten es via Interessenvereinigung mit den Big-Tech-Firmen aushandeln. Diese sehen nämlich die Notwendigkeit grundsätzlich ein, den von ihnen verbreiteten Inhalt von uns Medienunternehmen zu entgelten. Man ist sich nur über die Höhe nicht einig. Natürlich müssten die Vertragspartner dafür sorgen, dass auch die kleineren Verlage proportional zur Verbreitung vom Leistungsschutzrecht profitieren. Erhielten alle eine angemessene Abgeltung für die Inhalteherstellung, kämen die Medien finanziell über die Runden.

Fichter: Das sehe ich anders. Die Leistungsschutzvereinbarung widerspricht stark dem News Generated Content, also dem Web 2.0. Ich sehe nicht ein, warum Medienverlage, trotz ihres Angebots an qualitativem Inhalt, einen Artenschutz für die Linkvorschau erhalten. Wenn die Verleger argumentieren, bei der Eingabe eines Suchbegriffs erschienen die Links zu den verschiedenen Medien und Google profitiere damit von der ausgespielten Werbung, so stimmt das schon mal nicht. Die Werbung fin-

«Das Medien-Bashing ist in der Schweiz erst seit der Wahl von Donald Trump festzustellen, und wir haben diese Unsitte ebenfalls aus den USA importiert.» (Fichter)

det im normalen Suchbereich statt. Noch viel weniger kann ich mich damit einverstanden erklären, dass nur die Medienverlage von der Abgeltung profitieren sollen. Natürlich steuern sie wertvollen Inhalt bei. Aber das tun ganz viele andere auch. Nehmen wir folgendes Beispiel, das ich selber durchgespielt habe: Gegen Ende der Coronapandemie habe ich mal gegoogelt, wie lange ich als Infizierte ansteckend bin. Google gab mir dank der Webseiten von renommierten Gesundheitsinstitutionen eine umfassende Antwort, bevor ich überhaupt irgendeinen Link öffnen musste, auch nicht einen Link zu einem Medienunternehmen. Wenn schon, müssten also alle Content-Lieferanten wie zum Beispiel Wikipedia entgolten werden.

Wanner: Wir sollten Medien und irgendwelche andere Organisationen nicht vermischen! Solange die Medien eine Kontrollfunktion haben, müssen sie dafür auch finanziert werden. Wir filtern und ordnen Informationen ein. Andere Quellen tun das nicht. Sie haben einen anderen Auftrag und finanzieren sich deshalb nicht über diese typischen Medienfunktionen. Medienhäuser sollten eine pauschale Abgeltung für ihre Dienstleistungen erhalten, weil sie nicht nur reine Information vermitteln, sondern darüber hinausgehen, indem sie einordnen, Zusammenhänge herstellen, die Dinge kritisch überprüfen usw.

Fichter: Zum Glück haben wir die EU, die Grundregeln fürs Internet einführen will. Die Big-Tech-Firmen müssen zur Kasse gebeten werden. Die grosse Frage ist, wie man sie besteuern kann, ohne dass man überreguliert und damit übers Ziel hinausschiesst. Einen Ansatz sehe ich beim Datenmarkt, der sehr wertvoll ist für die Big-Tech-Firmen, ich denke da an eine Digitalsteuer. Es wäre viel zielführender, dass über eine staatliche Regulierung etwas an die Medienverlage zurückfliesst, als wenn jede einzelne Branche für sich entscheidet, wie sie zu ihren Geldern kommt. Auch da muss man ganzheitlicher denken.

Wanner: Es ist aber denkbar, dass der Verband der Medienunternehmen mit den Big-Tech-Firmen verhandelt. Bei der von Ihnen vertretenen Digitalsteuer würde das Geld zum Staat fliessen, und dann stellt sich die Frage, wie der Staat das Geld verteilt und wie viel davon. Das wird dann schwierig werden. Ich bin nicht grundsätzlich gegen eine Digitalsteuer, aber ich sehe hier ein Problem.

Die Algorithmen bestimmen nachgerade auch den Medieninhalt: Wie lange dauert es noch, bis die künstliche Intelligenz die Medienschaffenden ersetzt?

Fichter: Im immer schneller werdenden Nachrichtengeschäft können die Algorithmen die Arbeit der Medienschaffenden durchaus unterstützen. Es ist unproblematisch, wenn die künstliche Intelligenz standardisierte Arbeiten übernimmt wie beispielsweise die Verarbeitung von Agenturmeldungen oder die Aufbereitung von Fussballmatch-Resultaten. Dann könnten sich die Journalistinnen und Journalisten nämlich wieder der Fachkompetenz widmen. Wir haben viel zu viele Generalisten und viel zu wenige Fachjournalistinnen und Fachjournalisten. Weder die Journalistenschulen noch die Medienverlage widmen sich diesem Defizit, was ich ihnen vorwerfe.

Wanner: Einverstanden. Wir bräuchten viel mehr Spezialistinnen und Spezialisten. Aber wir haben ganz generell ein Nachwuchsproblem. Was mich nicht erstaunt. Der Beruf wird ja ständig schlechtgeredet. Alle sprechen von der Medienkrise. Warum soll sich jemand für den Journalismus interessieren, wenn dauernd gefragt wird, wie lange es den Qualitätsjournalismus noch gibt und wie sich dieser überhaupt noch finanzieren lässt? Das schreckt im Übrigen

«Wir haben ein Nachwuchsproblem. Was mich nicht erstaunt. Der Beruf wird ja ständig schlechtgeredet.» (Wanner)

auch gestandene Medienschaffende ab. Sie wandern in die Unternehmenskommunikation ab, die masslos übertrieben aufrüstet und erst noch besser bezahlt als die Medienhäuser.

Fichter: Hinzu kommt der Frust, dass sie nicht den Journalismus machen können, den sie eigentlich mal betrieben oder erlernt haben. Bei der *Republik* hat man wenigstens noch die Zeit, eine tiefer gehende Recherche zu betreiben und einen gründlichen Faktencheck zu machen, bevor die Geschichte publiziert wird. Man muss auch nicht, wie in vielen anderen Medien, täglich zwei Geschichten bis 17 Uhr abgeschlossen haben.

Wanner: Bei uns sind das wöchentlich rund zwei Geschichten, nicht täglich. Natürlich hat der Stress zugenommen. Aber deswegen verlassen die Leute den Journalismus nicht. Ich räume als Verleger selbstkritisch ein, dass wir – sobald dies möglich ist und wir uns auf einer wirtschaftlich tragfähigeren Basis befinden – die meisten unserer Medienschaffenden besser bezahlen sollten, den Job aber auch insofern attraktiver machen müssen, als man die Spezialisierung pflegen darf. Das führt dazu, dass wir uns überlegen müssen, die Ressourcen besser zu verteilen.

Fichter: Freut mich zu hören … Allerdings müssen wir Medienschaffenden uns selbst auch etwas mehr in die Pflicht nehmen. Ich schreibe hauptsächlich über Digitalisierung und Netzpolitik. Was voraussetzt, dass ich nicht selten technische Reports von über 230 Seiten lese. Die Fachhochschulen bilden, wie erwähnt, viel zu generalistisch aus, und aus den Universitäten kommen viele Geisteswissenschaftlerinnen und Geisteswissenschaftler in den Journalismus. Die wollen als Auslandskorrespondenten arbeiten oder grosse Reportagen schreiben. Mit anderen Worten: Sie haben eine andere Vorstellung von Journalismus als das, was demokratiepolitisch bedeutend wäre: nämlich beispielsweise kritische Berichte über fachlich anspruchsvolle Dossiers in den Bereichen Klima, Energie und Digitalisierung zu schreiben, die im Parlament behandelt werden. Gerade die Pandemie hat doch gezeigt, wie wichtig der Wissenschaftsjournalismus wäre. Anstatt dass man darin investiert, übernimmt man Medienmitteilungen der ETH ungeprüft und druckt sie 1:1 ab.

Also ist der Vertrauensverlust gegenüber den Medien gerechtfertigt?

Fichter: Es gibt genügend Untersuchungen, die nachweisen, dass das Vertrauen nicht in grossem Mass geschwunden ist. Erst recht nicht bei den traditionellen Medien. Es gibt die News-Deprivierten, die nicht an ein

Qualitätsmedium gebunden waren, sich teilweise bewusst abschotten, und dann auch diejenigen, die über alternative Kanäle Opfer von propagandistischen Medien geworden sind. Wobei die Schweiz – im Gegensatz etwa zu Russland – davon weitgehend verschont geblieben ist. Sonst wären beispielsweise die beiden Abstimmungen über die Covid-Gesetzgebung nicht so deutlich angenommen worden. Gerade wegen der negativen Entwicklungen in anderen Ländern hat man sich in der Schweiz auf den eigentlichen Auftrag der Medien zurückbesonnen und ist sich wieder bewusst geworden, wie wichtig die Qualitätsmedien für den demokratischen Prozess sind. Wenn man jetzt noch etwas mehr auf die Recherchearbeit und den Investigativ-Journalismus setzt, hilft das der Qualität erst recht. Die Mehrheit der in der Schweiz lebenden Bevölkerung vertraut den traditionellen Medien, auch wenn sie sie nicht fördern will.

Was verstehen Sie eigentlich unter «traditionellen Medien»?

Wanner: Printmedien mit entsprechendem Onlineportal, aber auch Fernseh- und Radiostationen, die sich etabliert haben im Lauf der Zeit. Oder digitale Plattformen nicht nur der alteingesessenen Medienhäuser, sondern neue Medien wie die *Republik*.

Fichter: Dem kann ich mich anschliessen. Zu den traditionellen Medien zähle ich alte und neue Player, von links bis rechts.

Und wie sieht die Zukunft der Medien aus?

Wanner: Ich bin von Natur aus Optimist. Die Marktbereinigung wird zwar weitergehen, die Medienkonzentration ist noch nicht abgeschlossen. Ein paar kleinere Zeitungen werden verschwinden, aber die Informationsversorgung ist und bleibt essenziell gerade in einem Land wie der Schweiz mit einer direkten Demokratie. Ein gut funktionierendes Mediensystem ist eine Art Lebensversicherung, funktioniert dieses nicht mehr, ist auch die Demokratie gefährdet.

Fichter: Ich bleibe zweckoptimistisch. Ich bezweifle, dass die Werbefinanzierung so relevant wie bisher bleiben wird. Es wird noch mehr Players geben, mehr Medien-Start-ups.

Muss das Parlament dafür sorgen, dass die Finanzierung sichergestellt wird?

Fichter: Nochmals: Ich hätte Mühe, in einem staatlich geförderten Medienhaus zu arbeiten. Das bedeutet nicht, dass ich die Förderung anderen Verlagen absprechen möchte. Ich bin überzeugt, dass Stiftungen sich engagieren werden. Sie haben erkannt, dass sie mehr fördern und investieren müssen. Aber auch die Medienkonsumierenden werden trotz der begrenzten Zahlungsbereitschaft bereit sein, für Qualitätsjournalismus mehr zu bezahlen. Vor allem dann, wenn ihr Medienhaus des Vertrauens zu verschwinden droht.

Wanner: Stiftungen, die sich für die Kultur einsetzen, sollten den Journalismus vermehrt unterstützen. Medien gehören zur Kultur, und Kulturförderung durch Stiftungen wurde noch nie wegen fehlender Unabhängigkeit kritisiert. Also besteht für Medien die Gefahr der Abhängigkeit von Stiftungen nicht. Bei einer direkten Medienförderung durch den Staat hingegen ist die Gefahr der Abhängigkeit nicht wegzudiskutieren.

Adrienne Fichter (1984) ist studierte Politologin. Von 2014 bis 2017 leitete sie die Social-Media-Abteilung der NZZ und war verantwortlich für «Konzepte, Debatten, Trolls und Essays» zu diesem Thema. 2017 fiel sie als Co-Autorin und Herausgeberin des viel beachteten Sachbuchs *Smartphone-Demokratie* auf. Seit 2018 das digitale *Magazin für Politik, Wirtschaft, Gesellschaft und Kultur* erschien, ist sie als Redaktorin für Digitales und Netzpolitik mit an Bord. Sie ist in diesen Fächern auch als Dozentin an der Uni Zürich und an der Fachhochschule St. Gallen tätig. Für ihre publizistischen Beiträge ist sie mehrmals ausgezeichnet worden.

Peter Wanner (1943) ist trotz seines Alters ein jung gebliebener Verleger. Nachdem er in Berlin und Paris Politische Philosophie studiert und die 68er-Unruhen miterlebt und mitgetragen hatte, kehrte er zurück nach Baden, um ins bürgerlich geprägte Familienunternehmen, zunächst beim *Badener Tagblatt*, einzusteigen. 1984 wurde er Vorsitzender der Geschäftsleitung, 1986 Verleger der AZ Medien AG. Seit 2018 ist das FDP-Mitglied Verleger und Präsident von CH Media, einem Joint Venture der NZZ-Mediengruppe und der AZ Medien. Per 2023 haben die AZ Medien die Mehrheit übernommen. Der ältere Sohn Michael leitet die Firma seit Frühling 2023 operativ in fünfter Generation.

Daniel Lampart und Peter Spuhler

Beide sind charismatische Führungspersonen, die, jede auf ihre Art, die Wirtschaft und die Politik stark prägten und prägen: Peter Spuhler, Mehrheitsak-
tionär und Verwaltungsratspräsident von Stadler, und Daniel Lampart, Chefökonom des Schweizerischen Gewerkschaftsbunds. Am 5. April 2022 haben sie
in Zürich, inmitten der Krise aufgrund des Ukrainekriegs und der Nachwehen
der Coronapolitik, die Globalisierung gelobt, aber auch kritisiert und für einen
starken Werkplatz lobbyiert.

«Für den Werkplatz Schweiz ist es eine riesige Herausforderung, die besten Leute in die Industrie zu holen und dort zu halten»

Das ständige Wachstum des Welthandels scheint seit der Corona-
pandemie und vor allem seit dem Ukrainekrieg vorerst gestoppt.
Gleichzeitig zeigen sich wieder klar nationalistische Tendenzen in
der Politik. Hat die Globalisierung ausgedient?

Peter Spuhler: Die Coronapandemie, der Angriffskrieg in der Ukraine, die Problematik mit den USA und mit China, die Inflation, die Rohstoff-Problematik, die unterbrochenen Lieferketten, das sind alles Faktoren, die uns vor eine komplett neue Situation stellten. Sie zwingen uns, unsere Strategien zu überdenken und einiges in unseren Heimmarkt zurückzuholen. Wir sind, um nur zwei Beispiele zu nennen, mit der Energie und den Rohstoffen zu stark vom Ausland abhängig. Es muss deshalb zwangsläufig ein Umdenken stattfinden.

Diese Rückbesinnung muss den Gewerkschaften doch entgegen-
kommen?

Daniel Lampart: Die Bevölkerung ist gegenüber der Freihandelspolitik viel skeptischer geworden. Das Abkommen mit Indonesien beispielsweise ist nur haarscharf durchgekommen in der Volksabstimmung. Andere Freihandelsabkommen sind blockiert oder sistiert. Es wird immer schwieriger, das Volk von solchen Öffnungen zu überzeugen. Es beobachtet die ökonomische Situation und stellt fest, dass es der Oberschicht gut geht, das Versprechen gerade dieser Schicht, dass die Vorteile der Globalisierung auch unten ankommen, aber nicht eingelöst wird.

Spuhler: Jetzt schlagen Sie etwas gar viel über den gleichen Leisten. Die Lieferkettenprobleme beispielsweise haben wir vor allem mit Staaten, mit denen wir gar kein Freihandelsabkommen haben. Nehmen wir als Beispiel die europäische Autoindustrie. Einer der wichtigsten Komponenten, der Kabelbaum, kommt aus der Nordwestukraine. Dort stockt

44

die Produktion, die Lieferzeiten werden unberechenbar. Und mit der Ukraine haben wir meines Wissens kein Freihandelsabkommen.

Lampart: In den letzten fünf Jahren haben wir – mit Ausnahme von Indonesien – kein einziges Freihandelsabkommen zustande gebracht. Natürlich ist die genaue Ausgestaltung von Abkommen zu Abkommen unterschiedlich. Es gibt aber verschiedene Bereiche, die immer in ähnlicher Weise verhandelt werden. Aber Tatsache ist, dass man die Schweizer Bevölkerung zu wenig von den Vorteilen überzeugen kann. Sie glauben den Prophezeiungen einfach nicht mehr, dass solche Abkommen zu mehr Wohlstand, einer grösseren Wirtschaftsleistung und mehr Arbeitsplätzen führen.

Spuhler: Auf einem freien Markt treten Unternehmen in Wettstreit um die bestmöglichen Produkte, was einerseits die Wirtschaft allgemein fördert und andererseits für die Konsumentinnen und Konsumenten von Nutzen ist, da durch Angebot und Nachfrage für sie ein zufriedenstellendes Ergebnis zu erwarten ist. Durch den Freihandel haben weniger entwickelte Staaten die Chance auf eine Zukunft in Wohlstand. Gerade Indonesien ist ein anschauliches Beispiel dafür: Die Bevölkerung zählt rund 270 Millionen Menschen, und obwohl es kein Entwicklungsland mehr ist, muss mehr als die Hälfte mit einem Einkommen von unter 6 Franken auskommen. Anstatt die Chancen für die Bevölkerung in den Vordergrund zu rücken, wurde nur über das Palmöl gesprochen. Das ist absurd.

Lampart: Für eine funktionierende Globalisierung reicht Freihandelspolitik allein nicht aus. Sie muss kombiniert werden mit einem breit angelegten Gesellschaftsvertrag, der die Zugewinne aus der Globalisierung breit streut. Auch Sie werden nicht bestreiten, dass ein politischer Widerstand gegen die Globalisierung festzustellen ist. Was insbesondere für die Schweiz problematisch ist. Schliesslich sind wir nicht nur eine sehr offene Volkswirtschaft, sondern auch ein Land mit sehr hoher Produktivität. Als offene Volkswirtschaft mit hohen Löhnen müssen wir darauf achten, dass wir in der Weltwirtschaft wieder präsent sind. Wir müssen unsere Produkte in der ganzen Welt verkaufen können, sonst können wir unsere Investitionen gar nicht amortisieren. Auch der Gewerkschaftsbund setzt sich für die Öffnung ein. Aber nicht auf Kosten des ökonomischen

«Für eine funktionierende Globalisierung reicht Freihandelspolitik allein nicht aus. Sie muss kombiniert werden mit einem breit angelegten Gesellschaftsvertrag.» (Lampart)

Lebens, das einfach für eine breite Bevölkerung sehr viel teurer geworden ist.

Spuhler: Jetzt sind wir im ideologischen Bereich angekommen. Dass wir uns das teuerste Gesundheitswesen weltweit leisten, hat sicher nicht mit der Globalisierung zu tun, sondern mit unseren Ansprüchen. Ich führe den von Ihnen erwähnten Widerstand vor allem auf die Minder-Initiative zurück, die unter anderem Abgangsentschädigungen und Vorauszahlungen für Verwaltungsräte börsenkotierter Unternehmen einführte. Ich stelle heute weniger ein politisches Unbehagen fest als ein Misstrauen gegenüber den Grosskonzernen bzw. den abgehobenen Salären des obersten Kaders.

Lampart: In den grossen börsenkotierten US-Firmen werden dreistellige Millionen-Saläre bezahlt. Und das unmittelbar nach der Coronakrise – einer Weltwirtschaftskrise! Ein aus der Balance geratenes Kräftegleichgewicht oder die Inflation mischen sich zu einem giftigen Cocktail. Es ist ja schön und recht, wenn Sie aus Versorgungsgründen einer Rückbesinnung auf die Heimmärkte das Wort reden. Dann müssten wir aber auch genauer hinschauen, woher die Geräte kommen und wie sie funktionieren, denn sie kommen nicht selten aus undemokratischen Ländern. Wollen wir unsere Wirtschaft abhängig machen von der chinesischen Infrastruktur?

Spuhler: China wird total überbewertet. Ich bin dort als Verwaltungsrat von Rieter sehr stark engagiert. Früher wurden die ausländischen Unternehmen geradezu gezwungen, in China zu investieren. Man ging nach China, weil man dort sehr günstig produzieren konnte und es ein grosser Markt ist. Heute ist der Markt immer noch sehr gross, aber er wird durch enorm hohe Zölle abgeschottet. Für die Teile, die Rieter herstellt, China aber (noch) nicht, bezahlten wir relativ tiefe Zollgebühren. Anders für die Teile, die China selbst produzieren kann. Da bezahlen wir bis zu 25 Prozent Zölle. Ich bin überzeugt, dass das Land eine ähnliche Entwicklung wie Japan durchlaufen wird. Einerseits haben sie das Kostensteigerungsproblem. Zum Zweiten rasseln sie wegen ihrer langjährigen Einkindpolitik in eine demografische Katastrophe. Und zum Dritten haben sie eine miserable Infrastruktur. Die Gebäude, die vor 20 Jahren gebaut wurden, sind in einem erbärmlichen Zustand, weil sie schlicht nicht nachhaltig bauten, obwohl sie das gekonnt hätten. Der chinesische Immobiliengigant Evergrande steht mit 300 Milliarden US-Dollar Schulden bekannt-

lich vor dem Konkurs. Nun ist der chinesische Immobilienmarkt aber für mehr als ein Viertel der chinesischen Wirtschaftsleistung und rund 40 Prozent der Vermögenswerte privater Haushalte verantwortlich. Stellen Sie sich mal die Folgen vor, wenn der Konkurs tatsächlich nicht abzuwenden ist. Ich bin mir deshalb alles andere als sicher, dass China in den nächsten zehn Jahren seine wichtige Position halten kann.

Dennoch investieren chinesische Firmen nach dem Einbruch wegen Corona wieder verstärkt in Schweizer Unternehmen oder übernehmen sie gar. Es gibt immer mehr Parlamentsmitglieder, die einheimische Unternehmen vor chinesischem Zugriff schützen wollen.

Spuhler: In der Schweiz sind wichtige Infrastrukturbereiche und systemrelevante Basisdienstleistungen weitgehend unter der Kontrolle der öffentlichen Hand, oder sie sind rechtlich vor Übernahmen durch private und ausländische Investoren geschützt. Das genügt. Ich bin grundsätzlich für offene Märkte. Als Pendant zu den chinesischen Investitionsmöglichkeiten der Schweiz müssen auch Schweizer Unternehmen die Möglichkeit erhalten, uneingeschränkt Anteile chinesischer Unternehmen zu erwerben und zu übernehmen. Das ist aber reine Illusion, wir kriegen niemals einen Auftrag. Wenn wir das nicht durchsetzen, müssten wir die Firmen mit chinesischer Mehrheitsbeteiligung eigentlich dichtmachen.

47

Lampart: Wir hatten bisher vor allem Mühe mit Firmen, die von den USA übernommen worden sind. Da stellten sich Fragen nach der Betriebskultur und der Arbeitsplatzsicherheit, auf die die Schweizer Unternehmen grundsätzlich mehr Wert legen. Wir müssen deshalb bei den chinesischen Beteiligungen und Übernahmen sehr genau hinschauen. Andere Risiken sind beispielsweise, dass Daten zu marktmächtigen ausländischen Cloud-Anbietern ausgelagert werden. Genauso wie Strassen oder die Eisenbahn sind solche grossen Daten-Clouds auch zentrale Infrastrukturen. Ich habe bei entscheidenden Stellen schon mehrmals gefragt, ob wir da vorsichtig genug sind. Und war verblüfft, wie wenig reflektiert die Antworten ausgefallen sind.

Die Sicherheitsbefürchtungen gegenüber den in die Clouds ausgelagerten Daten in Ehren: Aber müssten sich die Gewerkschaften nicht auch Gedanken zur gefährdeten Arbeitsplatzsicherheit aufgrund der Digitalisierung machen?

Lampart: Ich bin ja auch Vizepräsident der Suva. Wir haben die Schadensabwicklung digitalisiert und einen grossen Teil der Unfallfälle automatisiert. Die Mitarbeitenden machen mit, weil ihnen die Suva eine Arbeitsplatzgarantie gibt. Bei der öffentlichen Hand oder auch in den Banken ist man weniger weit. Gerade der Föderalismus hemmt die nötige

Digitalisierung. Regional werkelt jeder vor sich hin, anstatt dass man den Prozess zentral steuert und damit auch eine technologische Stabilität garantieren kann.

Die Digitalisierung wird in der öffentlichen Wahrnehmung von ambivalenten Zukunftsvisionen für den Arbeitsmarkt begleitet. Wie real ist die Angst, dass jeder zweite Arbeitsplatz verloren geht?

Lampart: Zweifellos gehen Arbeitsplätze verloren, aber es entstehen auch neue. Niemand darf wegen der Digitalisierung die Stelle verlieren. Arbeitsplatzgarantien sind sehr wichtig. Wenn die Arbeitnehmenden Sicherheit haben, engagieren sie sich in den Digitalisierungsprojekten.

Spuhler: Eine gute Volkswirtschaft ist eine, die über verschiedene Stufen Arbeitsplätze anbieten kann. Was aber nicht in allen Sektoren möglich ist. Im Eisenbahnbereich könnte man heute schon führerlos agieren und dadurch eine ungeheure Produktivitätssteigerung erwirken. Solche Pläne scheitern aber an den Gewerkschaften.

Lampart: Wenn ich mich nicht irre, dann handelt es sich bei den SBB um einen der bedeutendsten IT-Betriebe. Sollte es zu einem grossen Abbau kommen, erwarte ich, dass man zusammen mit den Betroffenen einen Sozialplan entwickelt. Innovation braucht Sicherheit.

Sind die Gewerkschaften genügend innovativ und bringen genügend Sicherheit, wenn es insbesondere ums lebenslange Lernen geht?

Lampart: Im Grossen und Ganzen konzentrieren wir uns auf die Lohnpolitik. Technologie und Produkteentwicklung sind primär die Aufgaben der Arbeitgeber. Aber natürlich reden wir beim Strukturwandel der Betriebe mit. In den Gesamtarbeitsverträgen ist auch der technologische Wandel ein Thema, neben etwa den Löhnen und einer Ausbildungsoffensive.

Ersetzt ein guter Patron nicht die Gewerkschaft?

Spuhler: Bestimmt! Eine unternehmerbetriebene Firma funktioniert besser als die Gewerkschaft. Wenn man eine Firma führt, hat man eine riesige Verantwortung und sorgt deshalb für Stabilität und Sicherheit der Arbeitnehmenden. Aus wirtschaftlichen Gründen habe ich noch nie Stellen abgebaut, auch wenn es manchmal sehr

«Eine unternehmerbetriebene Firma funktioniert besser als die Gewerkschaft.» (Spuhler)

49

schwierig ist und wir alle den Gürtel enger schnallen mussten. Während des Kriegs in der Ukraine musste ich aber Arbeitsplätze von Minsk nach Polen verlagern.

Lampart: Die USA hat vorgelegt, was passiert, wenn man keine starken Gewerkschaften hat. Gerade im Detailhandel beispielsweise wurden produktivitätsmässig riesige Fortschritte erzielt, und die Margen waren dementsprechend hoch. Nur sind die Löhne nicht gestiegen. Dieses Problem kennen wir in der Schweiz nicht. Auch wegen der Gewerkschaften.

Spuhler: Oder vielleicht doch eher wegen unseres liberalen Arbeitsmarkts, unseres Berufsbildungssystems und der stabilen politischen Verhältnisse. Ich war kürzlich in Salt Lake City in einem unserer Betriebe. Da müssen unsere Leute den amerikanischen Arbeitnehmern erklären, wie sie einen Schraubenzieher in die Hand nehmen müssen. Wir müssen aufpassen, dass wir uns diese Wettbewerbsvorteile erhalten. In unseren Werken in Ungarn, Polen und Weissrussland stelle ich fest, dass sie ausbildungsmässig auf unserem Niveau, die Löhne aber tiefer sind. Trotz höheren Lebenskosten und der komplexeren Systeme, die einen höheren Lohn rechtfertigen, ist die Balance gefährdet. Wenn wir dieser nicht Sorge tragen, wird immer mehr aus der Schweiz wegverlagert.

Lampart: Das bestreite ich ja gar nicht. Gleichzeitig stelle ich in Betrieben, die ich seit Langem begleite, fest, dass die jungen Neuangestellten teilweise gleich viel oder sogar mehr verdienen als die, die schon seit Jahrzehnten dabei sind. Die Arbeitnehmenden sagen mir, sie müssten sich sputen, weil die Chinesen uns auf den Fersen sind. Wir bleiben nur wettbewerbsfähig, wenn wir die richtigen Arbeitskräfte anziehen können. Da gehört die Lohnstrukturpolitik einfach dazu. Gerade für die Industrie mache ich mir Sorgen. Wir müssen dafür sorgen, dass die Löhne wieder steigen.

Was mit dem nicht zustande gekommenen Rahmenabkommen mit der EU mehr als gefährdet ist.

Spuhler: Ich leide noch nicht gross unter dem gescheiterten Rahmenabkommen. Kann sein, dass sich das ändert, wenn wir keine Lösung finden. Die EU-Kommission will zum Beispiel die Revision ihrer Maschinenrichtlinie durchziehen und die Schweiz zwingen, die neuen EU-Standards in ihrem Produktesicherheitsgesetz zu übernehmen. Falls das nicht klappt, drohen tatsächlich Nachteile beim Export. Für die Schweizer Maschinen-

bauer ist das Abkommen über den Abbau technischer Handelshemm-
nisse deshalb wichtig. Ohne Aktualisierung würden für Schweizer Unternehmen spürbare Mehrkosten anfallen. Ich habe mich deshalb immer für
die Bilateralen eingesetzt und war auch nicht per se gegen das Rahmenabkommen. Ganz im Gegenteil. Gewisse Verträge sind über 20 Jahre alt
und sind dringend revisionsbedürftig. Aber das Schiedsgerichtsverfah-
ren mit der Überlegenheit des Europäischen Gerichtshofs dürfen wir niemals akzeptieren. Sonst geben wir unsere Souveränität preis. Wir müssen das Verhältnis mit der EU regeln. Aber vertikal und nicht horizontal.

Lampart: Ohne Lohnschutz wären die Schweizer Löhne stark unter
Druck gekommen. Bisher konnten wir mit den flankierenden Massnahmen Dumping ziemlich effektiv abwehren. Das muss auch künftig so
sein. Die Schweizer Bevölkerung muss von den bilateralen Verträgen
profitieren. Nach dem Abbruch der Verhandlungen zum Rahmenabkom-

men durch den Bundesrat hat die EU ein Powerplay aufgezogen. Die EU-Kommission verhandelt hart. Das ist ihr gutes Recht. Die Schweizer Verhandler können ihr einiges abschauen. Sie sind vergleichsweise schwach und lassen sich schnell einschüchtern. Um die wirtschaftlichen Auswirkungen des EU-Powerplays zu sehen, braucht es eine Gesamtschau. Die Forschung ist beunruhigt wegen «Horizon Europe». Gleichzeitig ergreift der Bundesrat Gegenmassnahmen. Zudem erhält die Schweiz immer mehr Unterstützung von Akteuren in der EU, die mit uns zusammenarbeiten wollen. In den Aussenhandelszahlen ist bisher nichts Negatives sichtbar. Klar ist, dass die Schweiz ihre Interessen verteidigen muss. Die Bilateralen und die Personenfreizügigkeit sind wichtig. Aber sie müssen der Schweiz nützen. Wir haben die höchsten Löhne in Europa, wir sind offen wie kaum ein anderes europäisches Land und haben einen bedeutenden Service public. Darum brauchen wir entsprechende Garantien – beim Lohnschutz und in anderen Bereichen wie bei den Beihilfen. Die Anbindung an den Europäischen Gerichtshof ist beispielsweise nur akzeptabel, wenn es umfassende Ausnahmen gibt. Beispielsweise beim Lohnschutz. Denn der Europäische Gerichtshof stellt den Marktzugang der Firmen über den sozialen Schutz.

Spuhler: Was die Zuständigkeit des Europäischen Gerichtshofs betrifft, bin ich mit Ihnen einverstanden, allerdings nicht in erster Linie wegen des Lohnschutzes. Den Widerstand der Gewerkschaften wegen der Acht-Tage-Regelung habe ich nie verstanden. Das ist doch genau so ein Besinnen auf die «reine Lehre», wie Sie es der EU vorwerfen.

Lampart: Man hat schon bald nach Einführung der Personenfreizügigkeit gemerkt, dass es Fälle gibt, wo diese Regelung zu streng ist. Deshalb haben wir schon vor Jahren Ausnahmen von der Acht-Tage-Voranmeldung vereinbart. Beispielsweise bei Notfällen. Ich habe es etwas satt, dass man offenbar aus mangelndem Interesse falsche Dinge in die Welt setzt.

Spuhler: Es ist doch eine Tatsache, dass Sie stur an den flankierenden Massnahmen festhalten.

Lampart: Ich mache Ihnen ein Beispiel. Bei uns kontrollieren die Sozialpartner die Löhne und büssen bei Missbrauch. Das gibt es sonst nirgends in Europa, wo im Wesentlichen der Staat kontrolliert. Das passt der EU nicht. Die EU-Kommission empfindet es als protektionistisch, wenn Inländer die Löhne gegen Ausländer durchsetzen. Obwohl in der Schweiz so viele EU-Firmen tätig sind wie in keinem anderen Land der EU. Unsere Löhne brauchen aber besonderen Schutz, weil wir die höchsten Löhne haben. Deshalb wollen wir auch nicht, dass der Europäische Gerichtshof hier mitmischt und unseren Lohnschutz im Kern infrage stellt. Die Anbindung an das europäische Gericht war eines der Hauptprobleme, dass das Rahmenabkommen gescheitert ist.

Wie soll es denn jetzt weitergehen?

Lampart: Wir haben dem Bundesrat mitgeteilt, dass er nicht übereilt einsteigen soll. Die Zusammenarbeit der Schweiz mit der EU funktioniert in den materiellen Bereichen gut. Das Institutionelle ist schwierig. Fortschritte wird es vor allem dann geben, wenn die inhaltliche Zusammenarbeit vertieft werden kann. Die EU und die Schweiz sollten sich daher zunächst auf die Bereiche konzentrieren, wo sie gemeinsame Interessen haben. Zum Beispiel bei der Energie, der Digitalisierung und beim Datenschutz. Die institutionellen Fragen haben zweite Priorität.

Spuhler: Ich meine, wir können uns darauf beschränken, betreffend Schiedsgerichtsklausel mit der EU eine Lösung zu finden. Das ist das Allerwichtigste. Wenn man wieder alles andere reinpackt, geht es ein weiteres Mal schief,

«Wir können uns darauf beschränken, betreffend Schiedsgerichtsklausel mit der EU eine Lösung zu finden.» (Spuhler)

53

und es sind wieder zehn verschiedene Gruppierungen aus zehn verschiedenen Gründen gegen ein Rahmenabkommen.

Sie beide kümmern sich auf Ihre Art für die Attraktion des Werkplatzes Schweiz. Welches ist diesbezüglich Ihre grösste Sorge?

Spuhler: Ich hoffe, dass wir den toxischen Cocktail, zusammengesetzt aus Inflation, Rohstoffpreisen, Ukrainekrieg, Coronafolgen und den gestörten Lieferketten, gut überleben, und das auch schnell genug. Dass wir eine so tiefe Arbeitslosigkeit und fast überall Vollbeschäftigung trotz der Krise haben, spricht allerdings für unsere Wettbewerbsfähigkeit.

Lampart: Die Historiker werden uns eines Tages sagen, wie gross die Transformation, in der wir uns befinden, wirklich war. Für den Werkplatz Schweiz ist es meines Erachtens eine riesige Herausforderung, die besten Leute in die Industrie zu holen und dort zu halten. Und ich bleibe dabei: Die Lohnstruktur ist dabei das A und O.

Der Zürcher Daniel Lampart (1968) hat an der Universität Zürich Philosophie und an der Universität St. Gallen Volkswirtschaft studiert und in Wirtschaftsgeschichte promoviert. Er war wissenschaftlicher Mitarbeiter bei der KOF Konjunkturforschungsstelle der ETH Zürich, bis er zum Schweizerischen Gewerkschaftsbund (SGB) wechselte. Dort ist er seit 2007 viel beachteter und medial präsenter Chefökonom und seit 2011 auch Leiter des Sekretariats. Als oberster Gewerkschafter der Schweiz hält er zahlreiche Ämter inne, darunter das zweite Vizepräsidium des Suva-Rats. Lampart sitzt zudem in ausserparlamentarischen Kommissionen des Bundes.

Der in Zürich geborene Peter Spuhler (1959) ist seit über 30 Jahren Chef des Schienenfahrzeugherstellers Stadler. 1989 kaufte er das Unternehmen mit Sitz im Kanton Thurgau, das damals keine zwei Dutzend Mitarbeitende zählte. Heute sind es über 13 000. Aber nicht nur unternehmerisch hat Peter Spuhler das Sagen und beweist sich als gewiefter Sanierer etwa bei der Industriefirma Rieter oder Aebi Schmidt. Auch in der Politik war der ehemalige Eishockeyspieler als Thurgauer Nationalrat von 1999 bis 2012 eine stark beachtete Stimme des pragmatischen SVP-Flügels. Spuhler engagiert sich in mehreren Verwaltungsräten und Verbänden.

Eva Herzog und Urs Marti

56

Sie sind sich vor dem 3. März 2022, als das Gespräch zur Urbanität in der Grossstadt Zürich stattfand, noch nie persönlich begegnet: Eva Herzog, SP-Ständerätin und langjährige ehemalige Regierungsrätin von Basel-Stadt, sowie Urs Marti, Stadtpräsident von Chur und einer der wenigen Freisinnigen, der eine grössere Stadt regiert. So unterschiedlich sie die Frage beantworten, warum die Bürgerlichen so selten an der Spitze einer Stadt zu finden sind: Als Exekutivmitglieder haben sie einiges ähnlich gemacht.

«Der Stadt-Land-Konflikt findet auf einer faktenfreien Ebene statt»

Warum sind praktisch alle grösseren Städte in der Schweiz rot-grün regiert?

Eva Herzog: Weil die bürgerliche Politik sich darauf beschränkt, die Anzahl der Parkplätze nicht zu reduzieren (lacht).

Urs Marti: Sie lachen zwar, aber es gibt nicht wenige, welche die linke Dominanz in den Städten diesem Grund zuschreiben. Oder behaupten, Bürgerliche kümmerten sich sonst nur noch um Steuersenkungen oder die Finanzen. Das ist eine Legende. Ich führe die Dominanz der linken Parteien mehr auf die Personalpolitik zurück. Da haben uns die linken Parteien einiges voraus. Die Bürgerlichen treten weniger geschlossen auf und kümmern sich zu wenig um den Nachwuchs innerhalb der Partei. Dabei geht es bei der Exekutive in erster Linie um Personenwahlen. Wenn wir spürbar, fassbar, nahbar sind, dann können wir durchaus gewinnen. Jedenfalls war das mein Rezept. Ich war vor der Wahl zum Stadtpräsidenten lange Zeit Grossrat. Ich war nahbar und, wie ich denke, auch glaubwürdig. Zugute kam mir auch die Tatsache, dass die Churer Finanzlage in grosse Schieflage geraten war. Man traute dem freisinnigen Finanzfachmann Urs Marti zu, dass er den Wind drehen kann. Was tastsächlich auch gelungen ist.

Herzog: Da haben wir es eben doch, das Klischee. Auch ich habe die Schulden der bürgerlichen Vorgänger-Regierung abgebaut, meine sozialdemokratische Nachfolgerin hat das fortgesetzt – Basel-Stadt hat heute ein Nettovermögen, erstmals in seiner Geschichte. Es sind also beileibe nicht nur die Bürgerlichen, die eine Stadt in die schwarzen Zahlen bringen können.

Marti: Genau deshalb wehre auch ich mich gegen die Klischees, dass Bürgerliche sich nur um Parkplätze kümmern. Selbstkritisch müssen wir

Bürgerlichen in Chur aber einräumen, dass der Stadtrat schon vor meiner Zeit eine bürgerliche Mehrheit hatte.

Mit anderen Worten: Eine städtische Haushaltssanierung gelingt unabhängig von der Parteiausrichtung der Verantwortlichen.

Marti: So weit würde ich zwar nicht gehen. Aber tatsächlich bin ich überzeugt, dass die Persönlichkeit entscheidender ist. Die ist in einem so kleinen Exekutivgremium wie dem dreiköpfigen Stadtrat von Chur erst recht von enormer Bedeutung.

Herzog: Natürlich, in kleineren Städten spricht man weniger von rotgrün regierten Mehrheiten, aber es geht auch dort nicht ausschliesslich um Persönlichkeitswahlen. Die Themen sind entscheidend, und wenn ich auf 15 Jahre Regierungstätigkeit zurückschaue, stelle ich fest, dass die Bürgerlichen tatsächlich fast ausschliesslich über Parkplätze diskutiert haben … Nur holt man eine städtische Bevölkerung damit nicht ab. Städterinnen und Städter begreifen, dass nicht jeder vors Geschäft fahren kann, dass man den Verkehr kanalisieren und den öffentlichen Verkehr fördern muss, weil dadurch mehr Lebensqualität zu erreichen ist. Die Linken haben für das Bedürfnis, Urbanität zu leben, bessere Antworten als bürgerliche Parteien. Das war auch in Basel-Stadt so. Die FDP hat massiv verloren in den letzten Jahren. Die Liberal-Demokratische Partei hat noch eher eine fortschrittlichere liberale Politik zustande gebracht. Ähnlich wie die FDP im 19. Jahrhundert.

Marti: Liberale Politik ist nun wahrlich nicht bloss auf die Parkplatzfrage beschränkt! Als Freisinniger diskutiere ich über die Einführung von Tempo-30-Zonen in Chur genauso wie über den Ausbau des Velonetzes. Jenseits von Grossstadt und Agglomeration sieht die Welt zwar noch etwas anders aus, doch so tief wie einst ist der Stadt-Land-Graben bei Tempo 30 auch nicht mehr. Aber ich hinterfrage vielleicht auch eher als die Linke, was weiter geschieht, wo man das Velo hinstellt: Gibt es genügend Arbeitsplätze, wird das Gewerbe genügend berücksichtigt? Wie bringt man eine pluralistische Lebensqualität hin, damit eine Stadt wie Chur lebendig bleibt? Wir erlauben uns in Chur deshalb auch, über eine dritte Autobahnausfahrt nachzudenken und diesbezüglich aktiv zu werden. Wenn wir schon zwei Ausfahrten haben, muss auch eine dritte möglich sein.

«Die Linken haben für das Bedürfnis, Urbanität zu leben, bessere Antworten als bürgerliche Parteien.» (Herzog)

59

Herzog: Ob ein zweiter Tunnel, eine weitere Autobahnausfahrt oder ein nicht aufgehobener Parkplatz: All diese Massnahmen führen nun mal zu mehr umweltbelastendem Verkehr.

Die dritte Autobahnausfahrt, damit Chur als Zentrum eines höchst beliebten Kantons attraktiv und pulsierender wird?

Marti: Ja, Verkehr belebt. Als ich 2012 zum Stadtpräsidenten gewählt wurde, war Chur tatsächlich etwas verschlafen. Was primär damit zu tun hatte, dass die Finanzen in Schieflage geraten waren. Ich argumentierte dann etwas anders. Nicht: «Wir können etwas nicht tun, weil wir kein Geld haben», sondern: «Die Finanzen müssen gut sein, damit wir wieder etwas machen können.» Etwa im Schul- oder Sportbereich. Eine Stadt ist zwar kein Unternehmen, aber gewisse Regeln aus der Wirtschaft sind durchaus auch für die öffentliche Hand anwendbar. Wir sparten bei den Ausgaben, aber nicht bei den Investitionen. Sonst hätten wir uns wohl mit einer Abwanderung abfinden müssen. Die Churer Bevölkerung ist in den letzten Jahren aber gewachsen. Obwohl das Wachstum im Kanton im Vergleich zur Schweiz immer noch unterdurchschnittlich ausfällt.

Herzog: Das war im Kanton Basel-Stadt, als ich im Jahr 2005 das Finanzdepartement übernahm, ganz ähnlich. In den 1990er-Jahren schrieb der

Kanton Defizite in dreistelliger Millionenhöhe. Seit den 1970er-Jahren verlor der Kanton an Bevölkerung, hauptsächlich wegen der Steuerpolitik im Umland. Man konnte sich ein Haus ausserhalb der Stadt leisten. Eine sorgfältige, anfänglich sehr restriktive Ausgabenpolitik zusammen mit Investitionen in den Standort, in den Wohnungsbestand, in Wohnumfeldaufwertungen und in die Rahmenbedingungen für Firmen führten zu einer Trendumkehr und zu wachsenden Steuereinnahmen. Worauf die Bevölkerung wieder zunahm.

Auch bei der Sanierung der Finanzen lässt sich also feststellen, dass sich SP und FDP ziemlich einig sind …

Herzog: Genau deshalb wundern mich solche Pauschalvorwürfe der Bürgerlichen etwa in Zürich, wonach die Linke nicht wüsste, wie man das Geld verdiene und woher es komme! Ich habe mich als sozialdemokratische Finanzvorsteherin auch für den Wirtschaftsstandort Basel-Stadt eingesetzt, worauf es dann hiess, ich sei die Pressesprecherin der Pharmaindustrie …

Nicht ganz von ungefähr. So haben Sie die Unternehmenssteuerreform ja verteidigt, im Gegensatz zu Ihren linken Exekutivkolleginnen und -kollegen.

Herzog: Ich sehe nicht ein, was grundsätzliche Wirtschaftsfeindlichkeit bringen soll. Wenn die wirtschaftlichen Rahmenbedingungen gut sind, bleiben die Unternehmen bei uns, und es fliesst Geld in die Staatskasse. Deshalb ist es ideal, wenn eine Stadt von einer rot-grünen Mehrheit regiert wird. Sie weiss, woher das Geld kommt, und kann es dann «linksgrün» ausgeben.

Marti: Was heisst denn Geld «linksgrün» ausgeben? Das tönt jetzt etwas gar werberisch.

Herzog: Überhaupt nicht. Es heisst ganz konkret, dass wir fürs Soziale viel Geld ausgeben und uns gegen diesbezügliche Abbaupläne wehren. Indem man beispielsweise Prämienverbilligungen erhöht oder eine Steuerreform durchsetzt, nach der das Existenzminimum steuerbefreit wird.

Marti: Nur ganz am Rand bemerkt: Wir haben in Graubünden bzw. Chur die grössten Prämienverbilligungen

«Dort zu arbeiten, wo andere Ferien machen – auf die Dauer macht dich das etwas depressiv.» (Marti)

der ganzen Schweiz. Das würden wir aber nicht als linke Massnahme bezeichnen. Abgesehen davon; Wir geben das Geld dort aus, wo es die grösste Wirkung erzielt. Ich frage mich höchstens in zweiter Linie, ob eine Investition eher grün, rot oder bürgerlich ist. Sie muss einfach sinnvoll sein.

Herzog: Und sinnvoll ist nur eine bürgerliche Ausgabenpolitik? Dieses Wording ist mir vertraut: bürgerlich gleich neutral, sinnvoll, pragmatisch …

Marti: Tatsache ist, dass man den gleichen Franken nur einmal ausgeben kann. Den Fokus setzen wir unterschiedlich. Wenn man, so wie ich das in Chur versuche, Urbanität und Polyvalenz pflegen will, dann kann ich gar nicht nach einem Parteiprogramm vorgehen.

Wobei die Urbanität von Basel sich sicher anders definiert als die von Chur.

Marti: Zweifellos. Wir können nicht mit der grossen Kelle anrühren, sondern müssen bescheidener sein. Wenn wir eine Fachhochschule führen können, ist das schon super. Auch im sozialen Betreuungsangebot spielen wir in einer ganz anderen Liga als grössere Zentren. Und wenn der Bündner, die Bündnerin die klassische Urbanität sucht, geht er bzw. sie nach wie vor gerne nach Zürich oder St. Gallen. Wir stehen zudem in Konkurrenz zum ländlich tickenden Kanton, der bezüglich Landschaft, Erholungsgebiet, Sportaktivitäten usw. natürlich enorm viel zu bieten hat. Eigentlich wäre das ja ein Vorteil, dass man in der urbanen Stadt arbeiten und im Wander- und Skigebiet wohnen kann. Was aber insbesondere für Jüngere nicht immer genügt: Wir haben nicht viele Grossunternehmen, bei denen Jugendliche grosse Aufstiegschancen haben. Welche grosse Firma hat schon ihren Hauptsitz in Chur?

Herzog: Das sollte doch heute kein Problem mehr sein mit der Digitalisierung, von der alle schwärmen: Man arbeitet aus dem Homeoffice in Chur für ein Grossunternehmen im Unterland und profitiert von den sportlichen Möglichkeiten in St. Moritz oder Arosa.

Marti: Daran würde ich gerne glauben. Wir kennen tatsächlich solche Konzepte, zum Beispiel miaEngiadina in Scuol. Da gibt es die Hoffnung, dass nun alle Manager ins Engadin ziehen (lacht). Aber was machst du nach dem Feierabend, wenn du nicht snowboarden willst? Es muss ein urbanes Chur geben, wo man sich begegnen, unterhalten und auch verlieben kann. Der soziale Faktor ist enorm wichtig. Dort zu arbeiten, wo andere Ferien machen – auf die Dauer macht dich das etwas depressiv.

Herzog: Die Nachfrage nach Wohnraum scheint aber bedingt durch Corona auch in den Bergregionen zum Teil stark zugenommen zu haben. Ich lese von ähnlichen Problemen, wie sie bei uns bestanden und bestehen, auch wenn in Basel Wohnungsnot und Preisniveau der Wohnungen immer unter demjenigen zum Beispiel von Zürich lagen und wir die Situation in den letzten Jahren verbessern konnten, indem viel neuer Wohnraum zu erschwinglichen Preisen entstand. Allerdings bleibt es anspruchsvoll angesichts der unglaublich hohen Bodenpreise, die sich seit der Jahrtausendwende verdoppelt haben.

«Ich sehe nicht ein, was grundsätzliche Wirtschaftsfeindlichkeit bringen soll.» (Herzog)

Ist das nicht eine Chance für Chur? In der Peripherie sind die Boden-
preise noch moderater.

Marti: Das Wohnangebot wird nie so gross sein, wie man es sich wünscht, um erschwingliche Preise zu bekommen. Da stellte man sich auch in Chur die Frage nach der Subjekt- oder der Objektförderung. Wie steuern wir das Angebot? Über die Preise? Wir wollten vor allem die Stigmatisierung innerhalb der Quartiere oder sogar eines einzigen Wohnhauses vermeiden. Um die Vielfalt innerhalb eines Wohnblocks zu gewährleisten, geben wir Mietrabatte, unabhängig davon, ob man in einem reichen oder weniger teuren Quartier wohnt, über Baurechte der Stadt. Wenn der Mietpreis unter Marktwert liegt, wird der Baurechtszins vergünstigt. Wird eine überschüssige Rendite angestrebt, dann haben wir seitens der Stadt das Recht, den Baurechtsvertrag aufzuheben, und im schlimmsten Fall droht der Heimfall. Ich habe mich immer gegen die Kostenmiete ausgesprochen, weil ein Bandbreitenmodell mehr Spielraum gewährt. Wenn der Mietzins unanständig wird, ist ein staatliches Eingreifen legitim. Aber es ist auch durchaus in Ordnung, wenn sich der Mietzins innerhalb einer gewissen Spanne bewegt. Wir haben mit diesem Modell eine spannende Durchmischung nicht nur in den Quartieren, sondern auch in den einzelnen Mehrfamilienhäusern hingekriegt.

Herzog: Spannend! Subjekt- oder Objektförderung – betreffend Wohnungsmarkt scheint Ihr Glaube an die Marktkräfte beschränkt zu sein. Dem kann ich nur zustimmen. Auch in Basel arbeiten wir stark mit der Subjektfinanzierung, mit dem Gedanken, dass dank Mietzinszuschüssen die Menschen in ihren angestammten Wohnungen und Quartieren bleiben können, Durchmischung statt Ghettobildung. Allerdings gibt es dabei ein Missbrauchspotenzial, überteuerte Wohnungen und private Vermieter, die sich an subventionierten Mietern eine goldene Nase verdienen. Zudem gibt es ein mittleres Preissegment, das so nicht bedient wird, hier macht die Objektfinanzierung Sinn. Wir haben in meiner Zeit angefangen, neben der Subjektfinanzierung im grossen Stil Land im Baurecht an Genossenschaften abzugeben, die mit dem System der Kostenmiete arbeiten. Auf Dauer bewegen sich diese Mieten 20 bis 30 Prozent unter der Marktmiete. Und mit der Zeit haben wir seitens Stadt bzw. Kanton auch selber Projekte realisiert. Eine Mischung von Subjekt- und Objektfinanzierung scheint mir sinnvoll. Das Hauptelement liegt bei der Kostenmiete, sie wirkt preisdämpfend im überhitzten Wohnungsmarkt.

Und das haben die Privatinvestoren geschluckt?

Herzog: Es war interessant. Die Bevorzugung von Genossenschaften bei der Abgabe von Land gefiel auf bürgerlicher Seite natürlich nicht allen. Mit der Zeit haben dann bürgerliche Parlamentsvertreter politische Vorstösse eingereicht, die verlangten, dass auch private Investoren Land im Baurecht erhalten sollten, wenn sie sich verpflichten, nach Kriterien der Gemeinnützigkeit zu bauen. Wunderbar! Auch die bürgerliche Seite hat also eingesehen, dass der Markt das Problem nicht allein lösen kann.

Marti: Bei jeder Übermarchung im freien Markt muss man hinschauen. Die Menschen sind nicht nur anständig, oft sind sie auch sehr egoistisch. Entscheidend ist das Mass. Aber jede Stadt, die Steuereinnahmen braucht, ist auf Investoren angewiesen.

Und wo setzen Sie das Mass beim Steuerwettbewerb?

Herzog: Der neue Finanzausgleich, der seit 2008 in Kraft ist, bekämpft einen überbordenden Steuerwettbewerb sehr wirksam, das ist zu begrüssen. Aber natürlich gibt es weiterhin Kantone, die sich durch tiefere Steuern Vorteile verschaffen können, da sie unter anderem von den Zentrumsleistungen von Nachbarkantonen profitieren, die sie nicht mitfi-

«Der reine Wettbewerb
ist genauso schädlich
wie gar keiner.» (Marti)

nanzieren. Deren Abgeltung im Nationalen Finanzausgleich NFA ist weiterhin ungenügend.

Marti: Entscheidend ist das Verantwortungsbewusstsein. Der Wettbewerb zwingt den Staat, mit den Steuern haushälterisch umzugehen. Der reine Wettbewerb aber ist genauso schädlich wie gar keiner. Der Finanzausgleich kommt uns hier zu Hilfe. Natürlich bin ich als Vertreter eines Nehmerkantons zufrieden mit diesem Instrument. Aber auch wenn ich einen Geberkanton vertreten würde, würde ich mich dafür einsetzen. Ohne Steuerwettbewerb wäre es nicht besser.

Der Trend geht aber in Richtung Vereinheitlichung. Das beweist auch die globale Mindestbesteuerung für Grossfirmen, welche die OECD beschlossen hat.

Herzog: Ja, und dieser Trend hat mit der Finanzkrise begonnen, welche die Verschuldung vieler Länder stark erhöht hat. Durch Corona hat sich die Situation weiter akzentuiert. Die Länder, die innerhalb der OECD das Sagen haben, akzeptieren die Tiefsteuerstrategie kleiner Länder wie der Schweiz, Liechtenstein, Luxemburg oder der Niederlande nicht mehr, sie wollen steuerlich gleich lange Spiesse. Das klingt einfach, aber die Umsetzung innerhalb der Schweiz wird noch viel zu diskutieren geben. Die einen Kantone werden Mehreinnahmen haben, die anderen nicht. Der Bund will es ganz den Kantonen überlassen, was sie damit machen, dadurch verlagert sich der Wettbewerb einfach auf andere Gebiete. Er muss zumindest schauen, dass sich die Kantone OECD-konform verhalten. Denkbar ist auch, dass ein Teil der Mehreinnahmen an den Bund geht, der damit Massnahmen finanziert, die allen zugutekommen, zum Beispiel im Bereich Innovation und Nachhaltigkeit.

Marti: Die globale Mindestbesteuerung würde ja die Grosskonzerne bestrafen. Trotzdem droht die SP mit Widerstand. Der Bundesrat will die Vorgaben in aller Eile durchsetzen, denn wenn er die Reform nicht umsetzt, dürfen andere Länder ab 2024 Zusatzsteuern von den betroffenen Firmen einziehen. Der Widerstand der SP beruht doch darauf, dass sie den Kantonen nicht traut und es nicht den Kantonen überlassen will, was mit den zusätzlichen Mehreinnahmen geschehen soll. Die Linke will also in Tat und Wahrheit bestimmen, wie das Geld verteilt wird.

Herzog: … womit sie offenbar ganz auf der Linie von SVP-Finanzvorsteher Heinz Tännler liegt, der sich bewusst ist, dass der Kanton Zug zu viel

Geld einnehmen würde, und deshalb vorgeschlagen hat, die Hälfte der Mehreinnahmen in einen gemeinsamen Fonds zu geben.

Marti: Es ist doch umgekehrt so, dass die Reform die Unterschiede in der Steuerbelastung verkleinert, weil die Kantone bei den grossen Unternehmen nicht mehr den gleichen Spielraum haben als bis anhin.

Herzog: Zuerst führt sie durch unterschiedlich hohe Mehreinnahmen zu unterschiedlich hohem Handlungsspielraum. Seit über die OECD-Steuerreform diskutiert wird, reden alle nur darüber, wo man die Erhöhung des Steuersatzes kompensieren kann, damit die Unternehmen nicht mehr bezahlen müssen. Der Wettbewerb wird sich einfach anderswohin verlagern. Man verschenkt entweder den Boden oder subventioniert die Forschung – Letzteres begrüsse ich, aber dies sollten sich alle Kantone leisten können.

Marti: Der Druck kommt aus dem Ausland. Es gibt genügend Instrumente, um einen überbordenden Steuerwettbewerb einzudämmen. Wenn wir alles über den gleichen Leisten schlagen aufgrund des ausländischen Drucks, ist das schädlich. Anstatt dass man zugibt, dass der Druck eigentlich nur auf die Neidkultur aus dem Ausland zurückgeht.

Herzog: «Neidkultur» sagen wir, «Trittbrettfahrer» sagen die Länder der OECD. Ich habe Verständnis für diese Sichtweise. Ich wünsche mir eine

Schweiz, die solidarischer ist und stärker auf Zusammenarbeit und Vernetzung setzt, insbesondere innerhalb von Europa.

Die Neidkultur besteht auch im Inland. Denken wir nur an den Stadt-Land-Konflikt. Es gibt tatsächlich viele Beispiele, die nachweisen, dass die grossen Zentren die ländlichen Regionen überstimmen.

Marti: Das ist nichts als politische Stimmungsmache. Gerade im Städteverband haben wir die Steuerflüsse untersucht, und es ist klar erwiesen, dass die Städte mehr ausgeben, als sie einnehmen. Der Stadt-Land-Konflikt findet auf einer faktenfreien Ebene statt.

Das mag finanziell zutreffen. Aber es gibt andere, nicht primär monetär getriebene Themen.

Marti: Stimmt, diese Herausforderung haben wir. Solche Themen dürfen aber nicht zum Spielball der Politik gemacht werden. Die Städte dominieren in der individuellen Wahrnehmung. Die Ansicht, dass die Städte das Geld haben, führt zu Abwehrreaktionen. Das ist in Einzelfällen tatsächlich problematisch. Das können wir eigentlich nur auf der gesellschaftlichen Ebene lösen. Wir müssen erklären, im Austausch bleiben. Historisch gesehen könnte man sich ja fragen, warum sich gerade in der Region Basel zwei Kantone gebildet haben. Wurde da nicht die Chance verpasst, miteinander einen Weg zu finden?

Herzog: Das kann man schon sagen, aber unsere Vorfahren wollten das in den 1830er-Jahren so! Seither haben sich keine Mehrheiten gefunden, die Trennung rückgängig zu machen. Aber unsere beiden Kantone stehen nicht für einen Stadt-Land-Graben, sondern für die allgemeine Verstädterung der Schweiz, für die Durchlässigkeit. Nur ein Beispiel: 50 Prozent der Aktiven der Basler Fasnacht wohnen im Kanton Baselland ... Es gibt in der Schweiz keinen Stadt-Land-Graben wie in den USA oder Frankreich, woher die Diskussion kommt. Das verhindert bei uns die Kleinräumigkeit und der Finanzausgleich, der auch in den hintersten Ecken des Landes für eine gute Infrastruktur sorgt. Die SVP, die wählermässig in den Städten auf keinen grünen Zweig kommt, versucht hier Zwietracht zu säen. Aber sie hat es plump gemacht, es ist so einfach widerlegbar, dass nicht das Land die Städte finanziert. Tatsache ist, dass das politische Gewicht der Städte stärker gewichtet werden müsste.

«*Das politische Gewicht der Städte müsste stärker gewichtet werden.*»
(Herzog)

68

Das ist im Ständerat sehr spürbar, Subventionen für die Landwirtschaft und Anliegen ländlicher Gebiete generell finden immer Mehrheiten, städtische Anliegen haben es schwerer. Wir sollen in den Finanzausgleich zahlen und auch sonst alles selber finanzieren! Das ist nicht korrekt.

«Wenn man beginnt, die Kräfte zu verschieben, kommt das nicht gut.» (Marti)

Marti: Wenn man beginnt, die Kräfte zu verschieben, kommt das nicht gut. Das kann ich aus eigener Erfahrung im Kanton Graubünden sagen. Jemandem etwas wegzunehmen, um dem anderen etwas zu geben, das geht nicht, und wenn, dann braucht es mehrere Anläufe und lässt sich nur in kleinen Schritten realisieren. Ein Beispiel dafür ist der Finanzausgleich: Da sind die Nehmerkantone nach vielen Jahren selbst zur Einsicht gekommen, dass sie weniger Geld bekommen sollten. Aber nicht alle Themen, über die wir abstimmen, betreffen die Kantone. Vielleicht gäbe es gesellschaftliche Fragen, die tatsächlich nicht dem Ständemehr unterstellt, sondern nach Werten aufgeschlüsselt werden sollten.

Zum Beispiel die Zweitwohnungsinitiative …

Marti: Keine schlechte Idee (lacht). Aber fairerweise muss ich sagen, dass solche Initiativen im Nachhinein auch positive Seiten zeigten. Viele Gegner der Zweitwohnungsinitiative sind heute dafür. Wir haben die Chancen genutzt, was der Natur und der Umwelt zugutekam. Auch wenn wir es tatsächlich nicht gerne gesehen haben, dass uns die grossen Zentren diese Einsicht aufoktroyierten. Wenn man für die Vielfalt der Schweiz ist, für Pluralismus, hat man halt einmal die besseren und manchmal die schlechteren Karten. In diesem Sinn sollte man auch die Vorteile der eigenen Region oder Stadt pflegen, ohne einen Stadt-Land-Graben heraufzubeschwören.

Eva Herzog (1961) ist promovierte Historikerin. Sie war in der Entwicklungszusammenarbeit tätig, in der Geschäftsleitung eines Kulturbetriebs und im Vizerektorat Forschung der Universität Basel. 2005 wurde sie als Regierungsrätin von Basel-Stadt gewählt und stand bis zu ihrem Rücktritt Anfang 2020 dem Finanzdepartement vor. Seit 2019 vertritt sie Basel-Stadt im Ständerat. Sie ist u. a. Präsidentin des Verbands Wohnbaugenossenschaften Schweiz, Verwaltungsratspräsidentin der Electricité La Lienne SA und seit 2023 Präsidentin des Kuratoriums des Swiss Tropical and Public Health Instituts.

Der Churer Urs Marti (1967) liess sich zum eidgenössisch diplomierten Immobilientreuhänder ausbilden. Schon früh gründete er sein eigenes Unternehmen. Im Jahr 2000 wurde er als Vertreter der FDP in den Grossen Rat von Graubünden gewählt, 2012 dann mit 45 Jahren zum Stadtpräsidenten von Chur. Das Grossratsmandat behielt er bis 2022 bei. Wegen der Amtszeitbeschränkung muss Marti 2024 sein Exekutivamt abgeben. Gerne hätte er sich als Regierungsrat wählen lassen, unterlag aber bei der parteiinternen Ausmarchung ganz knapp seinem Konkurrenten. An Ideen für seine Zeit nach der Politik fehlt es ihm allerdings nicht.

Ueli Mäder und Katja Gentinetta

«Die Sache von aussen betrachten, die Frage anders stellen, den Kern herausschälen»: Das hat sich die politische Philosophin Katja Gentinetta auf die Fahne geschrieben. Dasselbe gilt für den emeritierten Soziologieprofessor Ueli Mäder. Auch oder gerade deshalb kommen sie im gemeinsamen Gespräch vom 13. April 2022 in Zürich über die ungelösten Probleme rund um den (liberalen) Sozialstaat zu ganz unterschiedlichen Schlüssen.

«Bei den Sozialwerken scheint ein Schulterschluss zwischen aufklärerischen Kräften und sozial Progressiven realistisch»

Ist der Begriff «liberaler Sozialstaat» ein Widerspruch?

Ueli Mäder: Es kommt drauf an, wie man den liberalen Sozialstaat interpretiert. Da gibt es ganz verschiedene Konzeptionen. Wenn ich ihn definieren würde, dann folgendermassen: Ein liberaler Sozialstaat ist ein sozialer Staat, der wirklich die Existenz aller sichert. Er beachtet die soziale Gerechtigkeit und gewährt das Optimum an individueller Freiheit, aber nicht auf Kosten anderer. Eine gängigere Definition stellt den liberalen Sozialstaat stärker in Bezug zur wirtschaftlich liberalen Sicht. Aber das ist von mir aus gesehen gar nicht zwingend.

Katja Gentinetta: Ein liberaler Sozialstaat ist kein Widerspruch in sich. Denn ein liberaler Staat ist nicht zwangsläufig unsozial – genauso wenig wie ein unliberaler Sozialstaat sozial wäre. Der liberale Sozialstaat geht im Grundsatz davon aus, dass der Einzelne für sich selbst verantwortlich ist, aber gegen unverschuldete Abhängigkeit abgesichert ist. Der liberale Sozialstaat präferiert das Versicherungsprinzip gegenüber der Umverteilung. Das sind gewichtige Differenzen zum «sozialen Sozialstaat»: Dieser ist grundsätzlich bereit, mehr als das Existenzminimum zu gewähren und damit mehr Ausgleich als nötig zu verordnen. Er unterscheidet wenig zwischen unverschuldeten und verschuldeten Notfällen.

Immerhin betonen Sie beide die Eigenverantwortung.

Mäder: Aber ich setze den Schwerpunkt anders. Natürlich ist Selbstverantwortung wichtig. Damit sie aber für jede und jeden zum Tragen kommen kann – es gibt schliesslich keine Subsidiarität ohne Solidarität –, braucht es eine gute soziale Infrastruktur und Vereinbarung. Früher war das politisch liberale Verständnis breiter und gutmütiger als heute. Der soziale Ausgleich ist zwar nicht weggebrochen, aber ein wirtschaftsgläubiges Verständnis überwiegt. Das ist unfreiheitlich und autoritär, weil das Gesetz des Stärkeren gilt.

Gentinetta: Was verstehen Sie unter «sozialer Infrastruktur»?

Mäder: Ein System von sozialer Sicherung, das dafür sorgt, dass die Existenz aller gesichert ist. Das ist nicht der Fall. Heute haben wir ein kausal auf einzelne Risiken bezogenes System, es braucht aber zwingend eine finale Ergänzung, die sich an der Zielsetzung orientiert, allen zu helfen. Wenn wir immer fragen, ob jemand verschuldet oder unverschuldet ins Wasser fällt, ist das extrem bürokratisch und braucht viel mehr Energie, um jemanden zu retten.

«*Früher war das politisch liberale Verständnis breiter und gutmütiger als heute. Heute ist der soziale Ausgleich zwar nicht weggebrochen, aber ein wirtschaftsgläubiges Verständnis überwiegt.*» (Mäder)

Gentinetta: Meines Erachtens haben wir dieses System. Einerseits sind wir in unserer Demokratie und Marktwirtschaft frei, unseren Lebensweg zu wählen; andererseits haben wir ein Sozialsystem, bei dem niemand durch die Maschen fällt. Dennoch orientiere ich mich an der Maxime «Freiheit vor Gleichheit», wenn ich nach dem bestmöglichen Sozialstaat frage. Deshalb ist mir auch die Unterscheidung unverschuldet/verschuldet wichtig. Hat jemand unverschuldet Pech – zum Beispiel mit Geburtsgebrechen –, braucht es zwingend das obligatorische Auffangnetz; bei uns ist dies die Invalidenversicherung. Danach geht es um die Frage der Chancengleichheit: Gerät jemand wegen schlechter Startchancen ausser Tritt? Auch hier unterstützt der Staat, aber nur bis zu einem bestimmten Punkt – durch Aus- und Weiterbildung mit zahlreichen Möglichkeiten, auf- oder nachzuholen, oder auch durch die Sozialhilfe – mit dem Ziel, diesen Menschen wieder ein eigenverantwortliches Leben zu ermöglichen. Eine letzte Stufe wäre der Ruf nach Ergebnisgleichheit, was Sie meines Erachtens mit «final» umschreiben. Diese darf ein Staat niemals versprechen, weil er dann alle aus ihrer Verantwortung entlässt.

Mäder: Da interpretieren Sie mich falsch. «Final» heisst für mich, die Existenz aller zu sichern. Daran muss man sich orientieren. Darin sind wir uns ja teils einig. Differenzen haben wir beim Zusammenspiel von Sicherheit und Freiheit. Es gibt keine Freiheit ohne Sicherheit. Selbst der liberale Vordenker Ralf Dahrendorf betont, dass es keine Freiheit ohne Sicherheit und umgekehrt gibt. Freiheit für alle ist ein hohes Gut, und ich würde dem Liberalismus zugutehalten, dass er die individuelle Freiheit von festgezurrten traditionellen und kontrollierenden Strukturen gelöst hat.

Gentinetta: Freiheit bedingt Sicherheit, selbstverständlich. Allerdings bin ich gegen eine garantierte Sicherheit ohne eigene Verantwortung. Wir bieten ein Auffangnetz, sichern jedoch – mit Ausnahme derer, die unverschuldet nicht für sich sorgen können – keine Existenz auf Lebenszeit ohne eigene Anstrengung. Ein liberaler Sozialstaat darf den Einzelnen nicht aus seiner Verantwortung entlassen.

Mäder: Verantwortung wächst dynamisch. Indem ich Verantwortung angemessen erhalte, nehme ich sie mehr wahr. Und indem ich anderen nahekomme, entdecke ich, was verbindet und trennt. Das ermöglicht mir, mich ziemlich freiheitlich, selbst-bestimmt und mit dem Gegenüber vereinbart zwischen Nähe und Distanz zu bewegen. Diese Fähigkeit stelle ich bei heutigen Jugendlichen mehr fest: Sie kommen einander näher und nehmen so auch Differenzen und Vertrautes im Unvertrauten wahr. Stimmig und lebendig. Wir beide halten die Chancengleichheit hoch. Ein Postulat von Chancengleichheit heisst, dass wir alle gleichbehandeln. Aber das funktioniert nicht, wenn dadurch bestehende Unterschiede festgezurrt werden. Wo wir zur Welt kommen, ist zufällig. Deshalb muss die Gesellschaft einen Ausgleich schaffen, Ungleiches manchmal ungleich behandeln und den Leuten, die sehr viel zugelegt haben, bis zu einem gewissen Grad auf Kosten anderer, etwas für Benachteiligte zurücknehmen.

Was denn?

Mäder: Schauen wir doch 25 Jahre zurück. Seither verzeichnen wir einen Produktivitätsgewinn von 27 Prozent. Wenn ich sehe, wie einseitig dieser bei den oberen Lohnprozenten eingeschenkt hat zuungunsten des unteren Dezils, dann zurrt das die Ungleichheiten nicht nur fest, sondern verstärkt sie sogar noch. Da müssen wir den sozialen Ausgleich fördern.

Nur schon rein steuerlich wird dieser soziale Ausgleich doch gemacht?

Mäder: Teils ja. Und das soll auch so bleiben. Unsere soziale Sicherheit kann sich im internationalen Vergleich sehen lassen. Dennoch: Unsere Gesellschaft muss für den sozialen Ausgleich mehr tun.

Gentinetta: Wir sollten ja eigentlich eine Diskussion über den Sozialstaat führen und nicht über die Wirtschaftsordnung. Bleiben wir also beim Sozialstaat und schauen uns die Altersvorsorge etwas genauer an. Sie ist

die grösste Umverteilungsmaschine überhaupt. Bei der AHV zahlt man proportional zum Erwerbseinkommen ein, ohne eine Grenze nach oben. Das ist eine enorme Umverteilung, was ich allerdings auch richtig finde. Im Gegenzug haben wir die zweite Säule, die auf der eigenen Vorsorge beruht. Diese Kombination ist auch aus Gründen der Gerechtigkeit enorm wichtig.

Mäder: Ja, bei der AHV haben wir einen Ausgleich, und das ist wichtig. Das war ein politisch liberales Verständnis auch des Freisinns, der diese Forderung der Sozialdemokratie endlich mit umgesetzt hat. Ich wünschte mir, das wäre heute auch noch so. Sie gewichten den demografischen Faktor sehr stark. Auch das Versicherungsprinzip halten Sie sehr hoch und dass das System in sich recht stimmig ist. Für mich gibt es aber noch ganz andere entscheidende Faktoren. Die letzten 100 Jahre hat sich die Lebenserwartung fast verdoppelt. Die Zeit, die man für die Erwerbs-

«Heute findet auch in der zweiten Säule eine Umverteilung statt, die systemwidrig und unstatthaft ist.» (Gentinetta)

arbeit, die Lohnarbeit braucht, ist von rund einem Drittel der Lebenszeit auf etwa zehn Prozent zurückgegangen. Gleichwohl hat sich die Wertschöpfung rund verachtfacht. Obwohl das demografische Alter gestiegen ist, hat man bei der Wertschöpfung enorm zugelegt. Darum ist es für mich prospektiv unabdingbar, bei der AHV noch viel stärker umzuverteilen. Denn das Wirtschaftliche wird seit den 1980er-Jahren zu einseitig gewichtet. Seither legitimieren finanzgetriebene Kalküle soziale Ungleichheiten und ökonomisieren dadurch wichtige Lebensbereiche. Es werden politisch-liberale Konzepte überlagert, die früher noch einen gewissen Ausgleich zwischen Kapital und Arbeit akzeptierten. Man debattiert heute oft entrückt von dem, was sich in der Gesellschaft abspielt. Es wird beispielsweise der Anschein erweckt, dass die Jungen die Renten der Älteren finanzieren.

Gentinetta: Es handelt sich hier nicht um einen Anschein, sondern um eine Tatsache: Die AHV, die erste Säule, basiert auf dem Umlageverfahren; die arbeitende Generation finanziert die heutigen Rentner. Die zweite Säule hingegen beruht auf dem Kapitaldeckungs- und Vorsorgeverfahren; hier bezahlen die Erwerbstätigen Lohnprozente ein und äufnen damit ein eigenes Vorsorgevermögen, das sie später als Rente beziehen. Heute aber findet auch in der zweiten Säule eine Umverteilung statt, die systemwidrig und unstatthaft ist. Man muss beide Säulen in sich stabil und gesund halten – was man jedoch nicht tut, weil man die demografische Entwicklung darin nicht nachvollzieht. Diese beiden Finanzierungsarten werden in der öffentlichen Diskussion, auch in den Medien, nicht immer sauber auseinandergehalten.

Mäder: Gegen eine gesunde Stabilität habe ich gar nichts. Aber nochmals: Warum wird der demografische Faktor so stark betont? Das verstehe ich schlicht nicht. Ich will wahrlich keine Verschwörungstheorie verbreiten. Aber manchmal habe ich den Eindruck, dass Parlamentsmitglieder das eigene Alter tabuisieren und dem demografischen Faktor kompensatorisch viel Gewicht verleihen.

Gentinetta: Der demografische Faktor wird zwar diskutiert, aber nicht berücksichtigt! Gemessen an der gestiegenen Lebenserwartung, müsste das Rentenalter heute bei etwa 72 Jahren liegen. Davon ist in den Reformdebatten wenig zu spüren.

Mäder: Mit «entrückt» meine ich die falsche Annahme, dass die Jungen die Renten der Älteren finanzieren. Wer in einem Bereich tätig war, der nicht stark rentenbildend ist, hat doch meistens genau gleich gearbeitet wie diejenigen, die sich die maximale AHV-Rente erarbeiteten. Deshalb ist für mich das Schielen allein auf das Alter und die Lohnabhängigkeit zu einfach. Im Jahr 2035, spätestens im Jahr 2040 kommen die geburtenschwachen Jahrgänge ins Alter. Der Pillenknick wird sich dann bemerkbar machen. Die demografische Kurve wird nicht mehr so steil ansteigen und zurückgehen. Das Entscheidende, das dazukommt, ist die Produktivität. Deshalb kann man doch nicht ernsthaft behaupten, dass nur die Menschen, die erwerbstätig sind, die Renten derjenigen bezahlen, die nicht mehr erwerbstätig sind. Man muss mit anderen Worten die gesellschaftlich nützliche und unbezahlte Arbeit stärker betonen. Es ist auch ein Kurzschluss immer nur diejenigen zu vergleichen, die im erwerbsfähigen Alter sind, und die, die Rente beziehen. Wenn man die Jugend- und Altersquote zusammennimmt, dann stellt man eine relative Kontinuität von 38 gegenüber 62 Personen fest, die im erwerbsfähigen Alter sind. Finanziell sehe ich keine Schwierigkeiten: Im System der Sozialversicherung hat man über Jahre viel Surplus erwirtschaftet. Die Einnahmen überwiegen. Warum also diese übertriebene Angst? Bei einer Gesamtbetrachtung und angesichts der erwirtschafteten Reserven können wir mehr umverteilen. Zwar würde ich die Lohnprozente nicht weiter strapazieren. Aber bei der progressiven Besteuerung ist viel zu holen. Sie kommt nur für rund ein Sechstel der Renten auf.

Gentinetta: Noch einmal: Die systemwidrige Umverteilung in der zweiten Säule ist eine Tatsache. Aber hier muss ich schmunzeln: Ausgerechnet die Linken, die den Kapitalismus überwinden wollen, zählen auf die Produktivitätssteigerung, um ihren Sozialstaat zu finanzieren. Produktivität gibt es nun mal nur, wenn die Wirtschaft läuft. Und die Wirtschaft hat ohne Kapitalismus noch nie funktioniert. Die Linken müssten wenigstens ehrlich sein und sagen: Wenn wir den Kapitalismus überwinden, entziehen wir dem Sozialstaat die Grundlage. Die Alternative zum Kapitalismus ist der Sozialismus, und der braucht keinen Sozialstaat mehr, weil er ein autoritärer Staat ist. Damit wird auch die Umverteilung überflüssig, weil man von Anfang an auf Gleichverteilung setzt.

Sie sind sich insofern einig, als die Schweiz im internationalen Vergleich ein reiches Land mit hoher Produktivität ist und funktionie-

renden Sozialwerken. Übertreiben wir es also doch mit der Panik-
mache der nicht mehr finanzierbaren Sozialwerke?

Gentinetta: Bei der AHV haben wir ein Finanzierungsproblem, das nicht
entschieden genug angegangen wird. Bei der Einführung der AHV ging
es primär um die Bekämpfung der Altersarmut. Heute geht es, verein-
facht gesagt, um die Besitzstandwahrung der Älteren, beruhend auf
nicht mehr vertretbaren Parametern. Natürlich können wir es ausfinan-
zieren, aber dann müssen wir irgendwo anders Abstriche machen. Leider
befürchte ich, dass wir dieses Problem erst anpacken können, wenn uns
das Wasser wirklich am Hals steht. Das war bei der IV so, und das war bei
sämtlichen ausländischen Ländern so, die ein Problem mit der Finanzierung der Altersvorsorge hatten. Erst wenn eine drastische Rentenkür-
zung droht, ist man bereit, die Reform anzupacken.

Mäder: Wenn man vom Status quo ausgeht, könnte dieser durch die Produktivität und die Reserve abgedeckt werden. Bei drohenden Eng-
pässen müssen wir überlegen, wie sie zusätzlich finanziert werden und
wie gross unser Sozialstaat und unsere Staatsausgaben sind. Diesen
Kontext müssen wir herstellen. Wir hatten vor Corona eine leicht
schwankende Staatsquote von rund 31 Prozent, gemessen am Brutto-
sozialprodukt, die Sozialausgaben inbegriffen. Das ist im internatio-

nalen Vergleich paradiesisch! Die Altersvorsorge kommt also auch bei Mehrkosten nicht in Bedrängnis. Ausweiten würde ich die Ergänzungsleistungen. Nämlich für alle Haushalte, die über kein genügendes Grundeinkommen verfügen.

Gentinetta: Damit würden wir jegliche Verantwortung der Familien an den Staat delegieren. Jedes Paar würde sich dann nämlich zwei Mal überlegen, ob es heiraten will, weil es sonst keine Ergänzungsleistungen beanspruchen kann. Genau das muss der Staat vermeiden!

Mäder: Wenn wir den Menschen genügend Sicherheit geben, sind sie erst recht bereit, Verantwortung zu übernehmen, gerade auch im sozialen Bereich. Die Ausweitung der Ergänzungsleistung knüpft an einen vorhandenen und breit akzeptierten Mechanismus an. Wenn wir das nicht tun, übermarcht der wirtschaftliche Liberalismus weiter, der auf Anreizsysteme und Sanktionen setzt. Unsere Gesellschaft hat sich jedoch entwickelt! Heute zählt hoffentlich das Kognitive mehr, wir knüpfen lieber an Kompetenzen statt an Defizite an. Gerade im Kontext der Digitalisierung, wo man zum Teil Gefahr läuft, die technologischen Mechanismen selbst im Sozialen zu reproduzieren. Ich stelle leider wieder Tendenzen zum funktionalistischen, mechanistischen Denken fest. Auch an den Universitäten! Alle setzen auf positive oder negative Incentives. Was ist das für ein Menschenbild! Ins gleiche Kapitel gehört für mich die Kontrolle. Die ständige Überwachung erachte ich als kontraproduktiv. Ich frage mich manchmal, warum ich so zuversichtlich bin und an das «Gute» im Menschen glaube. Vielleicht hat das auch damit zu tun, dass ich mich sportlich betätige und dabei viele sogenannt einfache Menschen treffe, die versuchen, ein gutes Leben zu führen – ohne Kommerz und Boni. Die reden nicht davon, dass sie super sozial oder ökologisch sind. Sie verhalten sich einfach so!

Gentinetta: Im Menschenbild haben wir vermutlich die grösste Differenz. Menschen sind weder gut noch schlecht, sondern bewegen sich in Kontexten und passen sich an. Deshalb ist der Liberalismus ja auch für Gesetze, die das Individuum zwar nicht einengen, aber dessen Verhalten doch in gewisse Bahnen lenken bzw. von schiefen Bahnen abzuhalten versuchen. Menschen sind anpassungsfähig – und sie reagieren auf Anreize. Wenn Sie verantwortungsvolles Verhalten von einem gewissen Sicherheitsgrad

«Die ständige Überwachung erachte ich als kontraproduktiv. Ich frage mich manchmal, warum ich so zuversichtlich bin und an das ‹Gute› im Menschen glaube.» (Mäder)

81

abhängig machen, müssten Sie zum Schluss kommen, dass Menschen dann am verantwortungsvollsten wären, wenn sie ein bedingungsloses Grundeinkommen erhalten. Das aber ist logisch falsch. Denn das hiesse, dass ich nur dann bereit oder fähig bin, Verantwortung zu übernehmen, wenn die anderen die Verantwortung für mich übernehmen. Ich aber gehe davon aus, dass Menschen denken und für ihre Entscheide Verantwortung übernehmen können, und zwar in wirtschaftlicher, gesellschaftlicher und politischer Hinsicht. Deshalb ist die Frage des Masses der garantierten Sicherheit ein wichtiger Referenzpunkt für einen liberalen Sozialstaat.

Mäder: Ich will den Begriff der Selbstverantwortung überhaupt nicht konservativ besetzt lassen. Das ist tatsächlich eine Gratwanderung. Man kann zu viel machen und Menschen entmündigen, aber auch Menschen überfordern und zu stark sich selbst überlassen. Zum Beispiel jene, die viel arbeiten und trotzdem nicht auf einen grünen Zweig kommen. Und dort ist die kollektive Verantwortung einfach sehr wichtig. Deshalb lege ich so grossen Wert auf die Sicherheit. Vor allem auch, weil es immer mehr unterschiedliche Lebensformen gibt, das Leben komplexer geworden ist und viele durch die Maschen fallen, da sich die soziale Sicherung eng an «Normalbiografien» orientiert.

Gentinetta: Ich sehe das weder in der Menge noch in der Grundsätzlichkeit, wie Sie das darstellen. Ich wüsste nicht, welches Netz denn noch fehlt, der diesen Wandel der Lebensformen und der Komplexität der Gesellschaft nicht auffangen würde.

Mäder: Ein Haushaltseinkommen müsste reichen, um eine vierköpfige Familie angemessen ernähren zu können. Das ist heute nicht mehr so, wenn man den Anteil der Working-Poor-Haushalte betrachtet. Früher sahen das auch paternalistische Unternehmer ein. Bei den untersten Einkommen hat sich der Erwerbsgrad aber immer mehr ausgeweitet, damit diese Familien über die Runde kommen. Glücklicherweise, sie emanzipieren sich, sagen viele. Ich sehe das anders: Wenn Eltern erwerbstätig sind und eine Frau noch zusätzlich als Reinigungskraft arbeiten muss, ist das eine Prekarisierung der Familienverhältnisse. Darunter leidet die Gesundheit. Dieses System kommt teurer, als wenn man das Auffangsystem etwas erweitert und die Arbeit vom Einkommen teilweise entkoppelt. Renten und Ergänzungsleistungen haben eine hohe Wertschöpfung, sie schaffen auch neue Arbeitsplätze. Aber unsere Gesellschaft ist

blind für den hohen Nutzen dieser Ausgaben. Ein Grundeinkommen kann helfen, ohne die erkämpften sozialen Standards und die berufliche Qualifikation zu unterlaufen. Wir alle haben Freude an der Erwerbsarbeit und müssen alles unternehmen, damit alle die Möglichkeit haben, über die Erwerbsintegration ein Einkommen zu finden und Hausarbeit zu leisten.

Gentinetta: Eine Entkoppelung des Einkommens von der Arbeit liefe wieder auf die Entlassung der Einzelnen aus ihrer Verantwortung hinaus. In diesem Punkt bin ich im Grundsatz nicht sozial, sondern liberal. Da setze ich ganz eindeutig Freiheit vor Gleichheit. Und das mit der Wertschöpfung aus dem Sozialsystem muss ich einfach richtigstellen: Der Sozialstaat ist ohne wirtschaftliche Wertschöpfung gar nicht finanzierbar. Wenn dieser selbst (zu viele) Stellen schafft, entzieht er der Wirtschaft die Arbeitskräfte, die diese braucht, um erfolgreich zu sein. Ihre Argumentation ist nicht nur falsch, sondern gefährlich. Man kann das Geld nicht einfach bei denen holen, die es haben. Ich überspitze jetzt absichtlich ein wenig. Das Geld, das umverteilt werden muss, muss erst einmal erwirtschaftet werden.

Wenn ich Sie, Ueli Mäder, richtig verstehe, braucht es zwar eine Reform der Sozialwerke, aber eine zugunsten von mehr Leistungen.

«Arbeit kann nicht
verteilt werden. Sie fällt
dort an, wo die
Wirtschaft erfolgreich
ist.» (Gentinetta)

Mäder: Ja. Die Leistungen dürfen nicht zurückgefahren werden. Und die Verteidigung des Status quo genügt nicht. Es geht um Lebensqualität für alle. Wir sollten das Erwerbspensum reduzieren, die Arbeit besser verteilen und die Rentenalter senken bzw. flexibilisieren. Es braucht deshalb Ergänzungsleistungen, die innovative Kreativität ermöglichen.

Gentinetta: Entschuldigen Sie, aber auch das mit der «Verteilung der Arbeit» ist eine Chimäre. Arbeit kann nicht verteilt werden. Sie fällt dort an, wo die Wirtschaft erfolgreich ist. Und noch einmal: Staatliche Unterstützung macht nicht kreativer oder innovativer. Eher macht – wenn wir das Thema schon aufnehmen – Not erfinderisch. Und an Lebensqualität dürfte es in der Schweiz auch nicht fehlen. Menschen reagieren auf Anreize. Nicht von ungefähr wurden die ausbezahlten Ergänzungsleistungen untersucht. Sie sind gestiegen, weil die Leute damit rechneten. Bei der IV wurde die Schraube angezogen, worauf das Ausmass der Früh- und Erstrenten abgenommen hat. Davor wurde das IV-System nicht missbraucht – es wurde *gebraucht*. Die Altersvorsorge wurde ursprünglich eingeführt, um die Menschen vor Altersarmut zu schützen, aber nicht, um sich im letzten Drittel des Lebens zur Ruhe zu setzen, wie dies heute der Fall ist. Die neu beschlossene Überbrückungsrente lädt die Arbeitgeber ja geradezu ein, ihre Angestellten früher in Pension zu schicken. Sowohl Arbeitgeber wie auch Arbeitnehmer aber müssen sich im Klaren darüber sein, dass das Rentenalter hinaufgesetzt werden muss und deshalb beide Parteien dazu angehalten sind, die Arbeitsmarktfähigkeit länger aufrechtzuerhalten, etwa durch Weiterbildung. Flexibilitäts-Modelle wurden im Parlament zu Dutzenden diskutiert – bisher ohne Erfolg, weil es den Linken nie um eine Flexibilisierung der Rente ging, sondern schlicht um die Verhinderung einer Erhöhung des Rentenalters. Es kann nicht sein, dass man die Leute im besten Alter in Pension schickt. Ich sehe mir immer diese Plakate an mit den vitalen Männern mit grauem Dreitagebart, die uns Passanten anstrahlen und sagen: «Was ich mit meiner Rente alles machen kann!» Diese Menschen wären immer noch erwerbsfähig. Ist es die Aufgabe der Allgemeinheit, diese zu finanzieren?

Mäder: Nach meinem Menschenbild haben wir eine höhere Erwerbsintensität, wenn das Rentenalter nicht heraufgesetzt wird. In Ländern mit höherem Rentenalter ist eine starke Ausdünnung der Erwerbsintensität festzustellen. Diese Ausdünnung kommt zustande, wenn Leute in Bereichen länger arbeiten müssen, wo sie keine Freude haben. Gibt man diesen Menschen die Möglichkeit, mit 60 etwas anderes zu tun, erreicht man gesellschaftlich viel mehr. Sozialer Ausgleich mindert Leid und Kosten. Über Konsum- und Mietausgaben generieren soziale Leistungen auch Arbeitsplätze und Lebensqualität. Dennoch gibt es aktuell Bestrebungen, Leistungen zu kürzen. Egal, was das kostet. Ich befürworte die Flexibilisierung des Rentenalters. Aber auf freiheitlicher Basis und nicht zwangsverordnet.

Gentinetta: Die Arbeitsmarktbeteiligung der über 60-Jährigen ist bei uns deshalb hoch, weil wir einen relativ freien Arbeitsmarkt haben. Wenn man gewisse Anreize für ein längeres Erwerbsleben schafft, ist das nur von Vorteil. Im Übrigen würde ich in einer funktionierenden Demokratie nie von einem Zwangsregime sprechen.

Welche Ziele sollte sich die Politik für den Sozialstaat Schweiz im Jahre 2050 setzen?

Mäder: Die soziale Brisanz wird sich in den nächsten Jahren verschärfen. Aber Menschen und Gesellschaften sind lernfähig. Die Flasche von einer aufklärerischen Haltung ist entkorkt. Durch das Überhandnehmen des wirtschaftlichen Liberalismus verstärkten sich zwar scheinbar gegenläufig provinziell populistische Haltungen. Mir scheint aber bei den Sozial-

werken ein Schulterschluss zwischen aufklärerischen Kräften und sozial Progressiven realistisch zu sein. Wir müssen miteinander aushandeln, auch erstreiten, was wirklich sinnvoll und global für alle weiterführend ist. Das Ziel ist also, sich weniger in Details zu verlieren und mehr prospektiv zu überlegen, in welche Richtung wir uns überhaupt bewegen und wie wir leben wollen. Diesen Wunsch habe ich auch an unser Parlament, und da sind wir uns, bei allen inhaltlichen Differenzen, wohl einig.

Gentinetta: Meines Erachtens stehen drei grosse Aufgaben an: Erstens die Sicherstellung – das heisst demografische Reform – der Altersvorsorge; darüber habe ich gesprochen. Zweitens braucht es eine Reform der Arbeitsversicherungen – in Anpassung an die neuen Arbeitsverhältnisse. Was meine ich damit: Noch sind unsere Arbeitsversicherungen – sowohl die Altersvorsorge wie die Arbeitslosenversicherung – zu sehr auf das Angestelltsein ausgerichtet. Wer selbstständig ist, ist in dieser Hinsicht benachteiligt; das hat die Coronakrise gezeigt. Neue, gerade auch selbst gewählte Arbeitsmodelle in der sogenannten Gig Economy, etwa bei Uber und Uber Eats, sind damit jedoch zur Prekarität verurteilt. Die jüngeren Gerichtsentscheide, die diese Unternehmen zur Anstellung verpflichten, ziehen in die falsche Richtung – was sich nur schon daran zeigt, dass die Unternehmen mit einer Anstellung über Zwischenfirmen operieren. Viel wichtiger wäre es, ein System zu entwickeln, das Arbeit an sich versichert, egal ob sie selbstständig oder angestellt getätigt wurde. Das wäre eine echte und in die Zukunft gerichtete Innovation. Und drittens werden sich die Nationalstaaten in den kommenden Jahren überlegen müssen, wie und in welchem Mass ihre Sozialleistungen auf bereits geleisteten Beiträgen beruhen oder nicht – konkret: wie sie auf die zunehmende Migration reagieren. Hieran müsste die neue Parlamentariergeneration arbeiten.

Katja Gentinetta (1968) hat in Zürich und Paris Germanistik, Geschichte und Philosophie studiert und promoviert. Als Chefin Strategie & Aussenbeziehungen koordinierte sie in der Aargauer Staatskanzlei die Langfristentwicklung des Kantons und seine Beziehungen mit Bundesbern und dem angrenzenden Ausland. Von 2006 bis 2011 verantwortete sie als stellvertretende Direktorin des Thinktanks Avenir Suisse die Sozial- und Europapolitik. Heute gehört die freischaffende politische Philosophin und Universitätsdozentin Katja Gentinetta zu den wichtigsten Stimmen in der Schweiz, was sie als Referentin, Publizistin und Buchautorin unter Beweis stellt.

Ueli Mäder (1951) ist in Beinwil am See geboren und hat an der Universität Basel Soziologie, Psychologie und Philosophie studiert. Von 2005 bis zu seiner Emeritierung hat er als Soziologieprofessor an der Uni Basel gewirkt und war Dekan der Philosophisch-Historischen Fakultät. Seine rege Forschungstätigkeit widmete sich in erster Linie der Entwicklungssoziologie, Politischen Soziologie und Sozialpolitik mit Schwerpunkt «soziale Ungleichheit». Ueli Mäder ist einer der bekanntesten Soziologen der Schweiz. Im Jahr 2022 wurde er für sein gesellschaftspolitisches Engagement mit dem Erich Fromm-Preis ausgezeichnet.

Thomas Straubhaar und Karin Keller-Sutter

Bundesrätin Karin Keller-Sutter ist schon mitten im Thema drin, als sie mit Professor Thomas Straubhaar am 23. August 2022 in Bern zusammenkommt. Vor dem bilateralen Gespräch mit dem Ökonomen und Migrationsforscher traf sie nämlich Vertreterinnen und Vertreter von Kantonen, Sozialpartnern, Wirtschaftsverbänden und Arbeitsmarktbehörden, um Ansätze zur weiteren Förderung der Arbeitsmarktintegration von Kriegsflüchtlingen aus der Ukraine zu diskutieren.

«Ein universelles Recht auf Zuwanderung gibt es nicht»

Sollte es in einem liberalen demokratischen Staat nicht ein Recht auf Einwanderung geben?

Karin Keller-Sutter: Nein. Ein universelles Recht auf Zuwanderung gibt es nicht. Es handelt sich dabei um eine sehr politische Frage, die von den Nationalstaaten selbst beantwortet werden muss. Bei einem universellen Recht auf Zuwanderung würde man insbesondere die westlichen Staaten überfordern. Denn die Auswandernden wollen in der Regel dorthin, wo Wohlstand ist, wo man Rechtssicherheit aufgrund einer rechtsstaatlichen Struktur erwarten kann. Die Zuwanderung hat oft den Zweck, ausländische Arbeitskräfte zu rekrutieren. Aber es braucht auch eine Balance zwischen den Bedürfnissen des Arbeitsmarkts und dem sozialen Gefüge. Schliesslich muss die Zuwanderung ja durch die Aufnahmegesellschaft akzeptiert werden. Für ein Land, für dessen Gesellschaft wäre der soziale Frieden beeinträchtigt, wenn man keine Spielregeln für die Zuwanderung aufstellen würde.

Thomas Straubhaar: Auch aus ethischer Sicht ist ein universelles Recht auf Zuwanderung in andere Gesellschaften nicht gerechtfertigt. Interessant ist, dass gewisse Widersprüche schon bei Immanuel Kant – immerhin einer der philosophischen Stammväter unserer abendländischen Aufklärung – offensichtlich sind: Er spricht jedem und jeder zwar uneingeschränkt das Recht auf Auswanderung zu, nicht aber ein generelles Recht auf Zuwanderung. Kant unterscheidet zwischen den Ursachen: Menschen, die an Leib und Leben gefährdet sind, müssen anders behandelt werden als solche, die aus anderen Gründen auswandern. So entscheiden wir auch aus Sicht des europäischen Rechtsverständnisses. Die grosse Auseinandersetzung bei den Ethikern konzentriert sich auf die Frage, ob es ein kosmopolitisches Recht auf Bewegungsfreiheit gibt. Als Liberaler meine ich: nein. Denn

«Der soziale Frieden wäre beeinträchtigt, wenn man keine Spielregeln für die Zuwanderung aufstellen würde.» (Keller-Sutter)

90

dieses Recht auf Bewegungsfreiheit ist sehr stark von der Vorstellung geprägt, dass die Vorteile der Zuwanderung gesamtgesellschaftlich aggregiert werden können und sich so das Glück einer Gesellschaft maximieren lasse. Ein Liberaler stellt sich dann gleich die Frage, was Glück ist und nach welchen Kriterien wir es bestimmen. Am überzeugendsten ist für mich die Antwort des amerikanischen Philosophen Michael Walzer, der sagt: «Das erste und wichtigste Gut, das wir einander zu vergeben und zu verteilen haben, ist Mitgliedschaft in einer menschlichen Gemeinschaft.» Ich vergleiche die Staatsangehörigkeit deshalb mit einer Klubangehörigkeit, die einen Wert an sich hat und nicht kostenlos mit allen geteilt wird. So schwierig es für uns Liberale auch ist, dies einzugestehen: Man soll die Grenzen nicht für alle öffnen.

«Ich vergleiche die Staatsangehörigkeit mit einer Klubangehörigkeit, die einen Wert an sich hat und nicht kostenlos mit allen geteilt wird.» (Straubhaar)

Keller-Sutter: Viele Menschen setzen die Migration zu Unrecht mit dem Asylrecht gleich. Man muss klar unterscheiden: Wir kennen einerseits den Zugang zum Arbeitsmarkt, den wir in der Schweiz mit der Personenfreizügigkeit und dem Drittstaatenkontingent geregelt haben. Anderseits gibt es das Asylsystem, das auf einer völkerrechtlichen Verpflichtung beruht und Menschen Schutz gewährt, die an Leib und Leben bedroht sind. Immer häufiger wird versucht, diese Grenzen zwischen Arbeitsmarkt und Asyl aufzulösen, indem man verlangt, dass das Asylwesen ein Recht auf Zuwanderung gewährt. Das kann nicht funktionieren, weil man damit die Unterstützung für den Asylgedanken verwirkt. Gegenwärtig sind gemäss dem Hohen Flüchtlingskommissar der Vereinten Nationen (UNHCR) rund 90 Millionen Menschen auf der Flucht. Nicht nur auf dem Weg in den Westen, viele flüchten in eine Region rund um ihr Herkunftsland. Es ist illusorisch anzunehmen, dass man mit der Berufung auf die Genfer Konvention das Migrationsproblem lösen kann. Migration erfolgt aus ganz unterschiedlichen Gründen.

Straubhaar: Genau in diesen unterschiedlichen Gründen liegt – vor allem moralisch-ethischen Gründen – die Schwierigkeit: Historisch gesehen hat man Einwanderung akzeptiert, wenn Menschen in ihrer Heimat an Leib und Leben gefährdet waren. Das waren sie wegen Kriegen. Schon bei Katastrophen wird die Akzeptanz schwieriger. Und heute stellt sich die Frage, ob existenziell bedingte Armut oder auch Folgen des Klimawandels Anspruch auf Asyl rechtfertigen. Die Definition von «an Leib und Leben gefährdet» müsste man deshalb für das 21. Jahrhundert aktu-

«An und für sich müssten
wir dafür sorgen, dass alle
Menschen in ihrer
Herkunftsregion ein
gesichertes Auskommen
haben.» (Keller-Sutter)

alisieren und insbesondere in der Genfer Konvention diesbezügliche Klarheit schaffen.

Keller-Sutter: Wir können schon versuchen, eine neue Definition zu finden, nur werden wir zu keinem Ergebnis kommen. Es sei denn, wir öffnen alle Grenzen für die Armutsmigration. Das würde aber vor allem in den westlichen Ländern von einer Mehrheit nicht akzeptiert. Also stellt sich die Frage nach der Alternative. Hilfe vor Ort ist sicher ein Teil davon, sie ist nämlich nicht so wirkungslos, wie manche Kreise behaupten. An und für sich müssten wir dafür sorgen, dass alle Menschen in ihrer Herkunftsregion ein gesichertes Auskommen haben. Man flieht ja nicht einfach so aus seiner angestammten Heimat. Nur haben wir so viele Krisenherde, dass sich die Frage stellt, wo wir überhaupt beginnen sollen. Gegenwärtig konzentrieren wir uns auf die Ukraine, davor war es Afghanistan. Aber es gibt noch den Jemen, Syrien, Somalia und noch unendlich viele Krisenregionen mehr. Mir kommt immer wieder das Bild in den Sinn, dass wir mit den Händen den Wasserfall dämmen wollen, aber die Wucht des Wassers einfach zu gross ist. Ich möchte dennoch daran erinnern, dass die Armut der Weltbevölkerung zurückgegangen ist. Dass der Wohlstand der Weltbevölkerung insgesamt zugenommen hat, ist ohne Zweifel auch ein Verdienst der Globalisierung und des internationalen Handels.

Straubhaar: Abraham Lincoln hat einmal gesagt, dass man den Schwachen nicht hilft, indem man die Starken schwächt, sondern indem man die Stärksten stärkt, damit diese überhaupt in der Lage sind, den Schwachen zu helfen. Das gilt sinngemäss auch für unser Thema. Bei allem Respekt vor Freiheit, grenzenlosem Austausch und globaler Entwicklung bin ich der Überzeugung, dass fundamentale Armutsprobleme und Ungleichheiten nicht durch Massenmigration, sondern vor Ort in den Herkunftsregionen bekämpft werden müssen. Oft ist es ökonomisch klüger, Maschinen zu den Menschen zu bringen und nicht Menschen zu den Maschinen. Technologietransfer ist die beste Entwicklungshilfe. Zudem nimmt die Akzeptanz gegenüber der Zuwanderung immer dann ab, wenn die Zeiten schwieriger werden, weil dann Einheimische mit Zuwandernden um knappe Sozialleistungen konkurrieren. Warum sonst hätte sich in den USA ein Donald Trump mit seiner Mauer gegenüber Mexiko durchsetzen können? Man kann das in unzähligen Ländern beobachten, gerade auch in klassischen Einwanderungsländern wie den USA, Australien oder auch der Schweiz: Wenn es konjunkturell schlechter geht, fühlt sich die bestehende Gesellschaft in ihren Interessen bedroht und wird gegenüber der Zuwanderung abweisend. Ganz grundsätzlich ist die Zuwanderung eben auch eine Frage des Masses und der makroökonomischen Umstände: In welcher Intensität, in welcher Struktur oder wirtschaftlichen Situation findet sie statt? Wir müssen eine Balance finden zwischen offenen Grenzen und klaren Restriktionen. Um die Klubanalogie für einen Schwimmverein zu veranschaulichen: Alle dürfen Mitglied werden. Aber wer dazugehören will, muss alle Klubregeln erfüllen. Solange man sich beim Schwimmen nicht in die Quere kommt, wird der Verein neue Mitglieder aufnehmen. Wird es im Becken eng und ein ordentliches Training für alle nicht mehr möglich, sollen und werden die Beitrittspreise für Neumitglieder erhöht, um alle bisherigen Mitglieder für deren Einbussen zu entschädigen. Wenn es zu voll wird, werden Neueintritte weiter verteuert, vielleicht gar gestoppt – was nicht ausschliesst, für bestimmte Personen Ausnahmen zu machen.

Dennoch ist nicht auszuschliessen, dass das Schwimmbad aus subjektiven Gründen für voll erachtet wird, trotz gewisser klar definierter Kriterien. Das stellen wir gerade wieder im Wahljahr 23 fest.

Keller-Sutter: Ich möchte jetzt nicht über mögliche Wahlkampfthemen spekulieren. Fakt ist aber, dass die Konjunktur bei solchen Entwicklungen eine wichtige Rolle spielt. Das haben wir bei der Personenfreizügigkeit festgestellt. Es ist nämlich nicht der Bundesrat und auch nicht das Parlament, die bestimmen, wie viele Menschen kommen dürfen, sondern der Arbeitsmarkt. Die Politik legt zwar auch Kontingente für die Zuwanderung aus Drittstatten fest. Es wäre aber ein Irrtum zu glauben, dass der Staat bei der Zuwanderung das alleinige Sagen hat. Der Arbeitsmarkt ist seit einiger Zeit ausgetrocknet, was teilweise auf den Nachholbedarf nach der Pandemie zurückzuführen ist. Aber schliesslich ist es die Konjunktur, die über den Ausfüllungsgrad des Schwimmbads entscheidet, um bei diesem Bild zu bleiben. Wobei dann noch die andere Seite, nämlich der Asylbereich, dazukommt. Dieser ist zwar viel kleiner als der konjunkturell bedingte Bereich. Doch weil die subjektive Wahrnehmung das Mass bestimmt bzw. der Grad einer erfolgreichen Integration, wirkt der Asylbereich sehr viel grösser, als er eigentlich ist.

Nach dem russischen Aggressionskrieg gegenüber der Ukraine hat man eine riesige Solidarität der in der Schweiz lebenden Bevölkerung festgestellt.

Keller-Sutter: Ich glaube, dass sich die Schweizerinnen und Schweizer an die Ereignisse von 1956 in Ungarn oder 1968 in der Tschechoslowakei erinnert haben. Damals war es die Sowjetunion, heute ist es Russland. Einen Krieg in Europa hatte niemand mehr für möglich gehalten. Hinzu kommt, dass vorwiegend Frauen mit ihren Kindern geflohen sind. Sonst kommen aber vorwiegend jüngere Männer in die Schweiz, und ihnen begegnet ein Grossteil der Bevölkerung eher skeptisch. Die Zuwanderung ist aber auch eine Frage der eigenen Identität. Wenn die Konjunktur schwächelt, kippt die Stimmung. Oder wenn eine Gruppe rein mengenmässig zu gross wird. Als die Schwarzenbach-Initiative zur Abstimmung kam, war ich noch ein Kind. Aber ich kann mich erinnern, dass die grosse Zahl von italienischen Gastarbeitern thematisiert wurde, es kam die Angst auf vor dem sozialen Abstieg der Schweizerinnen und Schweizer. Solche Ängste muss man ernst nehmen und nicht einfach wegwischen mit dem Argument, es habe doch noch genügend Platz im Schwimmbad. Wenn man in einem Quartier wohnt oder die Tochter bzw. der Sohn in eine Schulklasse geht, in der sie oder er das einzige Schweizer Kind ist, ist das eine reale Angst. Deshalb muss der Staat, soweit er das steuern kann, dafür sorgen, dass diejenigen Ausländerinnen und Ausländer, die in die Schweiz kommen, möglichst produktiv sind. Sie müssen mit anderen Worten der gesamten Gesellschaft etwas bringen, also zum gesamten Wohlstand beitragen. Ebenso müssen wir dafür sorgen, dass die, die kein Bleiberecht erhalten, die Schweiz wieder verlassen.

Straubhaar: Ich bin weitgehend mit Ihnen einverstanden. Allerdings stört es mich, wenn die Wirtschaft bestimmt, ob das Schwimmbad voll ist oder nicht. Das wirkt sehr interessenorientiert. In den 1990er-Jahren hat die Schweiz eine gute Migrationspolitik auf den Weg gebracht. Sie hat das Saisonnierstatut aufgegeben und das Zwei-Kreise-Modell eingeführt. Als Liberaler bin ich der Meinung, dass wir keinen Sektor bevorteilen sollten – gerade auch nicht jene, die mehr ausländische Arbeitskräfte fordern. Wir brauchen nicht einfach mehr, sondern mehr besser qualifizierte Arbeitskräfte, um wettbewerbsfähig zu bleiben! Und mit mehr Innovation, technischem Fortschritt, Roboter und Automaten benötigen wir weniger und nicht mehr einfache Arbeit. Zudem hat Migration eigentlich zwei Dimensionen der Mobilität. Die eine ist die räumliche, darüber haben wir bis jetzt diskutiert. Daneben gibt es aber auch die sektorielle oder berufliche Mobilität. In dem Moment, in dem wir mit mehr ausländischen Arbeitskräften auf mehr geografische Mobilität setzen

«Mein Liebling bei der Migrationspolitik wäre eine Lotterie ohne Vorgaben. Wer das grosse Los zieht, darf kommen, alle anderen müssen draussen bleiben.»
(Straubhaar)

würden, unterstützen wir die sektorielle Immobilität und damit Sektoren, die nur dank billiger Arbeitskräfte oder Hilfskräfte überleben können, was nicht wirklich nachhaltig für Wohlstand sorgt. Stattdessen sollten wir die berufliche Mobilität fördern. Mein Liebling bei der Migrationspolitik wäre ohnehin eine Lotterie ohne Vorgaben. So ähnlich wie es die USA mit der Greencard handhaben. Wer das grosse Los zieht, darf kommen, alle anderen müssen draussen bleiben.

Keller-Sutter: Ich glaube, Sie haben mich missverstanden. Natürlich ist es nicht «die Wirtschaft», die alles bestimmt. Aber faktisch ist es so, dass der Arbeitsmarkt, die Nachfrage nach den Arbeitskräften massgebend ist dafür, wer in die Schweiz kommt. Wenn ich von der Wirtschaft spreche, gebe ich vor allem denjenigen Stimmen eine Antwort, die immer fordern, der Bundesrat habe zahlenmässig zu sagen, wie gross die Zuwanderung beispielsweise im Jahr 2024 sein soll. Unter allen schlechten Systemen ist das Freizügigkeitssystem meines Erachtens immer noch das beste. Es ist relativ unbürokratisch und sorgt dafür, dass die Leute, die in die Schweiz kommen, im Durchschnitt besser ausgebildet sind. Wobei ich unter «qualifiziert» nicht nur die bildungsmässig gut qualifizierten Arbeitskräfte verstehe. Leute auf dem Bau oder Servicepersonal müssen in ihrem Bereich auch qualifiziert sein. Ich gehe aber mit Ihnen einig, dass wir sicher nicht Arbeitskräfte für Branchen ohne Zukunft oder Hilfskräfte aus dem Ausland holen sollten. Die Arbeitskräfte, die sich die Mühe nehmen, in die Schweiz zu kommen, wollen ja ein entsprechendes Umfeld und einen guten Job.

Wenn die Situation auf dem Arbeitsmarkt bestimmend ist für den Anteil der ausländischen Arbeitskräfte, die in die Schweiz kommen, müsste eigentlich das aktuelle Zwei-Kreis-Modell (EU-EFTA und Drittstaaten) aufgegeben werden.

Keller-Sutter: Nein. Das war ein bewusster politischer Entscheid und entspricht auch einer wirtschaftlichen Logik. Die EU ist unser wichtigster Handelspartner. Zudem erfolgt mit der Personenfreizügigkeit die Zuwanderung aus dem europäischen Kulturraum, was sich positiv auf die Integration auswirkt. Das Volk hat die Personenfreizügigkeit in Volksabstimmungen zwar immer wieder bestätigt, aber es hat auch die Masseneinwanderungsinitiative angenommen, wenn auch nur knapp. Man

wünscht sich also weniger Zuwanderung, will aber die bilateralen Verträge, die an die Freizügigkeit gekoppelt sind, nicht aufs Spiel setzen. Das Drittstaatenkontingent ist die Konzession, um Fachkräfte ausserhalb der EU rekrutieren zu können. Allerdings werden diese Kontingente kaum ausgeschöpft. Zwischen 2011 und 2021 war das nur einmal so, nämlich 2016. Mich dünkt, dass die Firmen die Zahl der Kontingente mit dem Wettbewerb um die Fachkräfte weltweit verwechseln. Wir sind nicht der einzige Staat, der attraktiv ist. Es gibt auch gute Lebens- und Arbeitsbedingungen in anderen Ländern. Mit ihnen stehen wir im Wettbewerb.

Straubhaar: Das ist genau der Grund, warum ich «die Wirtschaft», was auch immer damit gemeint sein mag, nicht bestimmen lassen möchte. Mit den neuen Technologien brauchen wir die Inderin oder den Inder nicht mehr bei uns vor Ort, um beispielsweise IT-Dienste oder Software-entwicklung zu 100 Prozent für uns zu machen. Andererseits aber gibt es neue Zahlen aus Deutschland, die nachweisen, dass die meisten Fach-kräfte in Bereichen gesucht werden, die eben nicht im Homeoffice irgendwo auf der Welt arbeiten können. Das jedoch sind gar nicht die Jobs in der IT oder für Big Data. Es sind Fachkräfte für Pflege, Betreu-ungs- und andere soziale Dienstleistungen, die verzweifelt gesucht wer-den. Und deshalb, Frau Bundesrätin, wäre ich als in Deutschland leben-der Schweizer sehr dankbar, wenn die Regierung etwas offensiver vorgehen würde, indem die Personenfreizügigkeit nicht automatisch mit dem Wohnsitzland und damit mit dem Anspruch auf Sozialleistungen verbunden würde. Bei den Gütern ist es ja auch so: Wenn Sie Textilien aus einem anderen Land importieren, bestimmt das Herkunftsland, mit welchen Sozialstandards die Kleider gemacht werden müssen. Warum das bei den Dienstleistungen anders sein soll, leuchtet mir nicht ein. Es sollte nicht sein, dass Personen aus Rumänien oder Bulgarien, kaum kommen sie mit einem Arbeitsvertrag in die Schweiz, automatisch Anspruch auf die hiesigen Sozialleistungen haben. Es müsste eine Art Anwartschaft gebildet werden, dass man erst mehrere Jahre in die Schweizer Sozialkassen einbezahlt hat, bevor Ansprüche rechtens wer-den. Meines Erachtens wird die Unionsbürgerrichtlinie in Europa genau wegen dieses Punkts sowieso unter Druck kommen, und da könnte Deutschland in der Schweiz doch einen guten Verbündeten finden. Und bei gemeinsamem Erfolg würde damit auch für viele EU-Gegner in der Schweiz die EU-Freizügigkeit akzeptabel.

Keller-Sutter: Leider geschieht eher das Gegenteil. Die Unionsbürger-richtlinie ist in der EU unantastbar. Vergessen wir nicht: Letztlich geht der Brexit darauf zurück, dass die EU nicht bereit war, dem damaligen Premierminister David Cameron betreffend Unionsbürgerrichtlinie ent-gegenzukommen. Grossbritannien hatte eine grosse Zuwanderung aus Polen, und die EU hat es in meinen Augen verpasst, einen soliden Kom-promiss bei der Sozialhilfe einzugehen, womit der Brexit möglicherweise hätte verhindert werden können. Leider ist es also nicht so, dass die EU die Schweiz als Inspiration für eine Regelung in unserem Sinn betrach-tet. Wir wehren uns gegen die Unionsbürgerrichtlinie als vorausset-zungslosen Aufenthalt mit geschuldeten Sozialleistungen. Die EU sieht die Unionsbürgerrichtlinie als Weiterentwicklung der Personenfreizü-gigkeit an. Für uns ist die Personenfreizügigkeit eine reine Zuwanderung zum Arbeitsmarkt. Vermischt man Zuwanderung zum Arbeitsmarkt mit jener zu den Sozialwerken, kann es zu unerwünschten Nebenwirkungen kommen. Diese Vermischung fördert nämlich einen Abfluss vor allem von osteuropäischen Fachkräften aus ihren Ländern. Viele Leute aus Kroatien, Polen oder Tschechien sind nach Deutschland oder in die Schweiz abgewandert, natürlich wegen des Arbeitsmarkts, aber nachgelagert auch wegen der sozialen Absicherung. Letztlich ist das für diese Staaten kein gutes Geschäftsmodell. Es funktioniert nur in Ländern mit boomenden Arbeitsmärkten und florierender Wirtschaft.

Müssten wir im Hinblick auf den mehrmals erwähnten Fachkräftemangel nicht unser eigenes Potenzial von inländischen Arbeitskräften besser ausschöpfen?

Keller-Sutter: Völlig einverstanden. Wir können nicht den Arbeitsmarkt für ausländische Arbeitnehmer öffnen, ohne die inländischen Arbeitskräfte zu schützen und zu fördern. Im Rahmen der Debatte zur Begrenzungsinitiative hat der Bundesrat in Reaktion auf die demografische Entwicklung ein Massnahmenpaket geschnürt zur besseren Ausschöpfung des inländischen Arbeitskräftepotenzials. Das begann beim Ausbau der Betreuung von älteren Arbeitnehmenden durch die Regionalen Arbeitsvermittlungszentren und ging bis zur Überbrückungsleistung als Ultima Ratio. Ich sehe es als klare Pflicht der Wirtschaft an, dass man das inländische Arbeitskräftepotenzial fördert. Die Firmen sollen sich nicht darauf verlassen können, dass sie ihre Arbeitskräfte aus der EU rekrutieren, die EU also als unerschöpfliches Arbeitsreservoir nutzen können. Ohnehin gehöre ich nicht zu denen, die in der Personenfreizügigkeit nur Vorzüge sehen. Auch deshalb sehe ich die Förderung des inländischen Arbeitskräftepotenzials als Pflicht an. Insbesondere, was die Frauen anbelangt. Wobei das nicht ganz einfach ist, was auch mit unserer Kultur zu tun hat: In der Schweiz ist man nach wie vor nicht gewohnt, dass Frauen, die auch Mütter sind, zu 100 Prozent einer Erwerbstätigkeit nachgehen und ihre Kinder in der Krippe betreuen lassen. Ich kann mich an die 1970er-Jahre erinnern. Da war es geradezu ein Statussymbol, dass der Mann genug verdiente und es seine Frau in seinen Augen nicht nötig hatte, zu arbeiten. Die Zeiten haben sich glücklicherweise geändert, weil die Frauen heute mindestens ebenso gut ausgebildet sind wie die

«Wir können nicht den Arbeitsmarkt für ausländische Arbeitnehmende öffnen, ohne die inländischen Arbeitskräfte zu schützen und zu fördern.» (Keller-Sutter)

Männer. In gewissen Studiengängen wie Medizin oder Jura sind sie teils in der Mehrheit, scheiden dann aber aus dem Arbeitsprozess aus, wenn sie Kinder bekommen. Man wird gewaltig umdenken müssen, denn man kann nicht so und so viel Geld in die Bildung investieren, um dann auf die Produktivität eines so wichtigen Teils von gut Ausgebildeten zu verzichten.

Straubhaar: Genau so ist es! Und dazu möchte ich noch einen weiteren Gedanken hinzufügen. Wenn der Fachkräftemangel zunimmt, und das wird er, hat das auch Vorteile. Wir werden uns dann nämlich mehr mit dem arbeitseinsparenden technologischen Fortschritt beschäftigen und handwerkliche Dinge automatisieren. Denken Sie beispielsweise an Fertighäuser, Einkaufen ohne Kassen oder Putzroboter. Diesbezüglich sind uns andere Länder meilenweit voraus. Das ungenutzte Potenzial liegt mit anderen Worten nicht nur darin, dass uns zu viele Frauen oder Secondos verloren gehen, sondern auch in der verpassten Chance, neue Technologien zu nutzen und damit Millionen von Arbeitsplätzen und Arbeitsstunden einzusparen. Durchaus zum Wohl einer kommenden Generation, die in der Arbeitswelt andere Werte, andere Verhaltensweisen anstrebt. Mit der Digitalisierung werden wir einen Schub bekommen. Digitalisierung bedeutet eigentlich Kapitalisierung bei der Produktion und damit Steigerung der Arbeitsproduktivität. Und wenn die

Arbeitsproduktivität steigt, steigen die Löhne, und damit steigt der Wohlstand. Das ist simple ökonomische Logik. Wenn wir hingegen Arbeiten von Hand ausüben, die von Robotern übernommen werden könnten, geht das auf Kosten der Produktivität. Umgekehrt würde bei einer stärker genutzten Automatisierung der Wert – also die Löhne – der Leute, die noch arbeiten, steigen.

Keller-Sutter: Ich mache die konkrete Beobachtung, dass manuelle Arbeiten zwar wegfallen, aber die Digitalisierung insgesamt nicht zu weniger, aber zu anderen Jobs führt. Man hatte ja lange die Befürchtung, dass die Digitalisierung zu einer riesigen Verdrängung auf dem Arbeitsmarkt führt. Schliesslich müssen automatisierte Arbeiten gewartet und überwacht werden. Mich treibt in diesem Zusammenhang mehr um, dass die von Ihnen angetönten anderen Werte und Verhaltensweisen der heutigen Generation zu einer übertriebenen Individualisierung führen. Es besteht die Illusion, dass man mit weniger Arbeit und weniger Leistung einen hohen Wohlstand erreichen kann. Viele gut ausgebildete junge Frauen und Männer wollen nicht mehr so viel arbeiten, weil sie mit zwei Teilzeitpensen genug verdienen. Ich frage mich, wie sich dieser von mir beobachte Kulturwandel auf unsere Gesellschaft auswirkt. Ich mache mir da etwas Sorgen.

Straubhaar: Ich möchte es aber doch wenigstens versuchen, mit weniger Arbeitsstunden mehr Wohlstand zu produzieren. Beim Übergang vom 19. ins 20. Jahrhundert haben die Menschen fast doppelt so viel gearbeitet wie heute. Trotzdem hat sich die Produktivität ständig verbessert. Warum soll das nicht so weitergehen?

Postulieren Sie, Thomas Straubhaar, deshalb das bedingungslose Grundeinkommen?

Straubhaar: Ja, genau! Das Sozialsystem des 21. Jahrhunderts muss den Alltag und die Lebenswirklichkeit des 21. Jahrhunderts abbilden und nicht einer paternalistisch lenkenden Ideologie der Industriegesellschaft vergangener Tage nachtrauern. Es soll dauerhafte Bildungsanreize, Mobilität und Flexibilität fördern und soll nicht lebenslang ungebrochene Erwerbsbiografien zum Mass aller Dinge machen, die es so immer weniger oft geben wird. Vor allem muss es genauso wie das Einkommen aus Arbeit auch alle anderen Einkünfte zur Finanzierung des Sozialsystems einbeziehen. Man soll alle indirekten Steuern, Sozialtransfers und Subventionen genauso wie das Kunstkonstrukt der «juristischen Person» abschaffen und durch ein einfaches, klares und damit transparentes System direkter Steuern sowie nach dem Verursacherprinzip festgelegter Lenkungsabgaben und Nutzungsgebühren ersetzen. Nichts anderes will im Kern das Grundeinkommen erreichen.

Keller-Sutter: Die Vorstellung, dass man mit weniger Arbeit mehr Wohlstand erreicht, erscheint auf den ersten Blick verführerisch. Nur kenne ich keine Gesellschaft, in der ein solches Modell tatsächlich Erfolg hatte. Was das bedingungslose Grundeinkommen angeht, so muss man bedenken, dass das Volk ein solches 2016 deutlich abgelehnt hat. Als Liberale kann ich mich mit der Idee eines bedingungslosen Grundeinkommens nicht anfreunden. Eine Sozialleistung von jeglichen Beiträgen oder Leistungen zu entkoppeln, ist nicht überzeugend. Sozialleistungen sind Transferleistungen. Sie werden in einer Gesellschaft so lange akzeptiert und mitfinanziert, als die Mehrheit überzeugt ist, dass die Leistungen an die richtigen Empfänger gehen, nämlich an die, die diese auch tatsächlich benötigen.

Karin Keller-Sutter (1963) stammt aus dem Kanton St. Gallen. Sie ist ausgebildete Übersetzerin/Konferenzdolmetscherin und war an verschiedenen Schulen sowie als selbstständige Übersetzerin tätig. Sie absolvierte Studienaufenthalte in der Westschweiz, London und Montreal. Ihre politische Karriere begann sie 1992 als FDP-Gemeinderätin in Wil. Vier Jahre später wurde sie in den Grossrat gewählt, 2000 in die Regierung des Kantons St. Gallen und stand zwölf Jahre dem Justiz- und Sicherheitsdepartement vor. Von 2011 bis zu ihrer Wahl in die Landesregierung war sie Ständerätin und präsidierte die kleine Kammer 2017/18. 2019 hat sie die Führung des Eidgenössischen Justiz- und Polizeidepartements übernommen. Seit 2023 leitet sie das Finanzdepartement.

Der Berner Thomas Straubhaar (1957) ist insofern Wahl-Hamburger, als er seit 1991 in verschiedenen wissenschaftlichen Funktionen in der norddeutschen Stadt tätig ist. Der Ökonom war von 1991 bis 1999 Professor der Helmut-Schmidt-Universität in Hamburg und ist seit 1999 Professor für Volkswirtschaftslehre, insbesondere internationale Wirtschaftsbeziehungen der Universität Hamburg. Thomas Straubhaar ist politisch schwierig einzuordnen. Dementsprechend ist er gefragter Referent bei unzähligen Institutionen und Unternehmen. Die neuste Publikation des Ökonomen widmet sich dem Grundeinkommen: *Grundeinkommen jetzt! Nur so ist die Marktwirtschaft zu retten* (NZZ Libro, 2021).

Aline Trede und Nils Planzer

Wenn sich ein Transport- und Lagerlogistiker sowie eine Nationalrätin der Grü nen treffen, würde man wohl erwarten, dass die Fetzen fliegen. Dementsprechend gespannt begegneten sich der mit der SBB am 14. Juni 22 nach Bern angereiste Nils Planzer und die während des ganzen Jahres velofahrende Fraktionschefin Aline Trede zum Gespräch im Bundeshaus. Das Resultat waren erstaunlich viele Übereinstimmungen. Unter anderem, weil sich beide mit viel Humor und ideologiefrei aufeinander einliessen.

«Wir sollten den Verkehr auf dem leeren weissen Blatt ganz neu planen»

Sind die Mobilitätsbedürfnisse eigentlich grenzenlos?

Aline Trede: Die Mobilität ist gewachsen und wächst ständig weiter. Deshalb möchte ich mit einer etwas visionären Idee beginnen, die mich seit Langem umtreibt. Schliesslich geht es in dieser Publikation ja auch um Reformen. Wir sollten davon ausgehen, auf dem leeren weissen Blatt ganz neu planen zu können. Meine Idealvorstellung wäre, dass man entsprechend unserer Mobilitätsbedürfnisse – man will beispielsweise in kürzester Zeit das bestellte Zalando-Päckchen bekommen und jederzeit von A nach B reisen – ganz von vorn beginnt.

Nils Planzer: Diesen Ansatz finde ich extrem spannend. Nur müsste man verschiedene Szenarien für die Stadt, für das Land und allenfalls auch für die Agglomeration entwickeln. Es wäre grossartig, wir könnten vom Ist-Zustand den Soll-Zustand zeichnen und uns dann fragen, wie wir dorthin kommen.

Wie sieht die Planung auf dem leeren weissen Blatt denn aus?

Trede: Wir müssten nur schon die Strukturen ändern. Das Problem beginnt doch dort, dass es ein Bundesamt für Strassen und ein Bundesamt für Verkehr gibt. Ein ganzheitliches Denken würde bedingen, die beiden Ämter zusammenzulegen und die Verkehrsträger nicht so strikt zu trennen, wie wir das heute tun. Bleiben wir bei diesem sektoriellen Denken, ist klar, dass ich zehn Gegnerinnen und Gegner auf den Plan rufe, wenn ich nur schon wage, von mehr Velowegen zu sprechen. Es ist doch unbestritten, dass gewisse Strecken am besten mit dem Velo zurückzulegen sind, gewisse mit dem Auto und gewisse mit dem öffentlichen Verkehr. Ich bin überzeugt, dass sich gemeinsame Lösungen finden liessen, wenn alle Beteiligten ganzheitlicher denken würden, wenn es um die einzelnen Mobilitätsträger geht.

Planzer: Die Zusammenlegung gewisser Ämter erachte ich als problematisch. Nur schon die zunehmende Vielfalt an Fahrzeugen und Geräten macht die Kategorisierung immer komplexer. Aber unabhängig der Strukturen sollte man deinen Gedanken weiterverfolgen. Nehmen wir das Beispiel der Innenstadt. An sich liegt es auf der Hand, dass man in den Zentren wo immer möglich ohne den motorisierten Verkehr auskommen sollte, das heisst auf Fussgängerinnen und Fussgänger, Velos und den öffentlichen Verkehr setzt. Aber für eine nicht nur die Luftqualität berücksichtigende gesunde Stadt braucht es nun einmal das Gewerbe, sonst funktioniert die Versorgung nicht. Und das Gewerbe ist bis zu einem gewissen Mass auf den motorisierten Verkehr angewiesen. Problematisch ist einfach, dass manchmal die Bürgerlichen sturer sind als die Linken. Sie machen ein riesiges Theater, wenn auch nur ein Parkplatz abgebaut wird. Dabei müssten doch auch sie eingestehen, dass etwa Bern mit dem verkehrsfreien Bundesplatz, Zürich mit dem verkehrsfreien Münsterplatz oder Bremgarten mit dem verkehrsfreien Zentrum bedeutend attraktiver geworden sind und das Gewerbe langfristig nicht darunter gelitten hat. Auch wenn ich Transportunternehmer bin: Ich will nicht so viel Verkehr wie möglich, sondern so viel wie nötig am richtigen Ort mit dem richtigen Verkehrsträger.

Trede: Als Bernerin hat mich der Bundesplatz natürlich geprägt. Ich erinnere mich an einen Platz als riesigen Parkplatz, er hatte überhaupt kein Gesicht. Heute kann man auf dem Bundesplatz als Kind richtiggehend unter den Fontänen baden. Es gibt genügend Studien, die zeigen, dass sich die Wertschöpfung bei verkehrsberuhigten Plätzen verbessert hat. Sogar aus ökonomischen Gründen müsste man sich also dafür aussprechen. Warum das nicht öfters getan wird, sehe ich darin, dass man einfach zu wenig mutig ist. Wenn die Stadtplanungsämter ihre Skizzen nicht nur zeichnen, sondern auch mutig öffentlich verteidigen würden, könnte man mehr erreichen. Man sollte alle involvierten Parteien einbinden (damit meine ich beileibe nicht nur die politischen Parteien), ein Ziel festlegen, einen Plan, wie man dorthin kommt, und dann mit der Umsetzung beginnen.

Planzer: Immerhin sind wir auf dem richtigen Weg, wenn wir die vielen Fortschritte in den Städten rein objektiv betrachten. Sie haben durch die Verkehrsberuhigung enorm gewonnen. Nur haben wir immer noch zu viele Immobilienbesitzerinnen und Immobilienbesitzer, die

«Wenn die Stadtplanungsämter ihre Skizzen nicht nur zeichnen, sondern mutig verteidigen würden, könnte man mehr erreichen.» (Trede)

107

sehr kurzfristig denken. Sie fürchten den Wertverlust, wenn die Immobilie nicht jederzeit auch mit dem Auto erschliessbar ist. Die Lebensqualität bemisst sich doch nicht an der Erreichbarkeit durch alle Verkehrsträger!

Trede: Der Mobilitätszugang ist tatsächlich das Problem. Und der Preis. Die Autofahrerinnen und Autofahrer sitzen immer noch am liebsten allein im Auto, weil man dort seine Ruhe hat. Und weil es nicht zu viel kostet, behalten sie diese Gewohnheit bei. Neben der Frage des Preises ist die Platzfrage das entscheidende Steuerungskriterium. Der öffentliche Verkehr ist nicht kostendeckend, weil die externen Kosten nicht internalisiert sind. Der Autoverkehr etwas mehr, weil er die Klimaschäden nicht übernehmen muss. Der Güterverkehr hingegen sehr wohl. Deshalb sollten wir das Beispiel der leistungsabhängigen Schwerverkehrsabgabe als Mass nehmen und diese auch ausserhalb des Güterverkehrs einführen. Denn mehr Fläche bekommen wir nicht einfach so.

Warum setzt sich in der Schweiz das Mobility Pricing nicht durch?

Planzer: Das frage ich mich schon lange!

Trede: Ehrlich gesagt kann ich auch keine Antwort geben. Wir haben das schon mindestens dreimal in der Kommission besprochen. Ich glaube, auch hier liegt der Grund in der Führungs- und Mutlosigkeit.

Planzer: Es liegt wohl darin, dass das Konstrukt nicht verstanden wird. Das beginnt damit, dass Mobility Pricing ständig mit Road Pricing gleichgesetzt wird. Dabei sind dies zwei ganz verschiedene Konzepte! Beim Mobility Pricing geht es um eine benutzungsbezogene Mobilitätsabgabe mit dem Ziel zur Steuerung der Mobilitätsnachfrage. Beim Road Pricing geht es um eine Abgabe für die Benützung der Strasse mit dem Ziel, die Nachfrage und Finanzierung des motorisierten Individualverkehrs zu steuern. Beim Mobility Pricing geht es mit anderen Worten nicht um die Bepreisung eines einzelnen Verkehrsträgers, wie das beim Road Pricing der Fall ist. Der Rechten ist der gegenwärtige Zustand lieber als die Veränderung. Deshalb müsstet ihr von der linken Seite sehr viel aktiver werden.

«Beim Individualverkehr gibt es nur eines: Man muss ihn teurer machen.» (Planzer)

Trede: Wir können tatsächlich zu wenig begreiflich machen, welcher Mischverkehr wann und wo am sinnvollsten ist. Wenn diese Aufklärung nicht gelingt, lässt sich

auch nichts ändern. Auch ich meine, dass kein Verkehrsmittel nur verteufelt werden soll. Jemand hat mir mal gesagt, dass sich die SP hier von den Grünen unterscheidet: Die SP will, dass alle den motorisierten Verkehr benutzen können, die Grünen wollen, dass niemand den motorisierten Verkehr benutzen muss. Jede und jeder soll grundsätzlich die Freiheit haben, das Verkehrsmittel zu gebrauchen, das ihm am liebsten ist. Ich beispielsweise verabscheue den öffentlichen Verkehr im morgendlichen Kurzverkehr. Es riecht grässlich, es schüttelt, es ist zu laut. Aber ich weiche deswegen nicht aufs Auto aus, sondern aufs Velo. Wir haben uns an unsere Mobilitätsbedingungen gewöhnt, weil uns niemand und nichts daran gehindert hat und unser Wohlstand das ermöglicht hat. Aber wenn wir an das grosse Ganze denken, dann müssen wir unser Verhalten ändern.

«Der Rechten ist der gegenwärtige Zustand lieber als die Veränderung.» (Trede)

Planzer: Aber wettbewerbsfähig müssen wir bleiben! Für die Finanzdienstleister hat die Mobilität eine ganz andere Bedeutung als für die produzierende Industrie. Wenn wir die Logistikindustrie aus ideellen Gründen abkoppeln von unserem Umfeld, sprich von den anderen Ländern, die diesbezüglich schon heute einen Wettbewerbsvorteil haben, dann ist das gefährlich. Die Schwerindustrie verschwindet immer mehr aus der Schweiz. Das Gewicht unserer Sendungen hat in den letzten Jahren jährlich um fünf Prozent verloren. Das hat primär mit den Bodenpreisen zu tun und mit den hohen Lohnkosten. Also müssen wir aufpassen, dass das produzierende Gewerbe nicht auch noch mobilitätsmässig einen Wettbewerbsnachteil hinnehmen muss.

Trede: Auch dort fehlt es an der Gesamtsicht. Nehmen wir das Beispiel der Post mit den Verteilzentren. Sie haben ein neues Verteilzentrum in Ostermundigen gebaut, weg von Thun. In Thun hatten sie die Anbindung an die Schiene, die fehlt in Ostermundigen. Wir haben uns verschiedentlich dagegen gewehrt. Ohne Erfolg.

Planzer: Die Post wächst so stark, dass sie auf dezentrale Standorte ausweichen muss. Besorgniserregend ist, dass sie dabei vor allem preisorientiert handelt und die ökologischen Überlegungen deshalb weniger stark ausgeprägt sind. Und das als Bundesbetrieb! Am Schluss verliert der Güterverkehr auf der Schiene und damit ein anderer Bundesbetrieb – die SBB.

Trede: Noch schlimmer sind die Zustände bei der Feinverteilung. In meinem Wohnquartier beispielsweise kursieren DHL, ups und die Post. Das ist doch unter keinem Titel effizient! Man müsste einfachere und effizientere Tools entwickeln, um eine besser durchdachte Feinverteilung zu bekommen.

Planzer: Der Güterverkehr ist wegen der grossen Fahrzeuge sichtbarer als der Individualverkehr. Deshalb fällt er dir, Aline, in deinem Quartier auch auf. Alle diese Firmen müssen überleben und optimieren deshalb schon heute ihre Routen so stark, dass nur volle Fahrzeuge das Verteilzentrum verlassen. Irgendwann mal ist es nicht mehr möglich, alles im gleichen Verteilzentrum zu managen. Meines Erachtens könnte man in der Innenstadt anders vorgehen. Man könnte Rayons festlegen, für diese Regionen eine Ausschreibung machen, und den Zuschlag bekäme der mit dem besten Angebot. Dieser ist dort dann der «Lokalmatador». Eine solche Lösung kann aber nur vereinzelt in dicht befahrenen und besiedelten Gebieten Sinn ergeben.

Der Güterverkehr ist doch nicht das Problem, sondern der Individualverkehr. 80 Prozent der Personenkilometer gehen auf sein Konto.

Planzer: Beim Individualverkehr gibt es nur eines: Man muss ihn teurer machen. Ausser an der Zapfsäule sehen die Autofahrenden nicht, welchen «Schaden» ihre Fahrt ausmacht. Das müsste man ändern. Das Rauchen ist auch rasant zurückgegangen, seit der Zigarettenpreis so enorm gestiegen ist.

Trede: Die Mobilität ist generell zu billig. Es ist ja schön, dass wir die Freiheit haben, uns frei zu bewegen und zu verbinden. Aber durch das Wachstum der Pendlerströme und den freien Zugang im Verhältnis zum Einkommen ist die Mobilität immer billiger geworden. Das ist zwar sozial, aber gleichzeitig haben wir uns dadurch ein Verkehrsproblem eingebrockt. Ich hätte Freude, wir könnten die Emotionen rausnehmen und uns auf einen Kompromiss einigen. Wir sollten uns viel stärker fragen, wie das Verhältnis zwischen Kosten und Leistungen ist im Individualverkehr, im öffentlichen Verkehr, im motorisierten Verkehr, im Güterverkehr. Eigentlich weiss man das ja, die Bundesämter haben diese Zahlen.

Aber je nachdem, welcher Partei man angehört, bestreitet man das eine oder das andere Verhältnis.

Was tun wir mit dem arbeitenden Bevölkerungsanteil, der schlicht auf ein Auto angewiesen ist? Nicht überall ist der öffentliche Verkehr so gut ausgebaut, dass man – zum Beispiel, wenn man Schichtbetrieb arbeiten muss – mit dem öffentlichen Verkehr an den Arbeitsplatz kommt. Zumal die einfache Arbeiten Ausführenden meistens in weniger gut erschlossenen Gebieten wohnen.

Trede: Deshalb will ich auch dafür sorgen, dass niemand auf das Auto angewiesen ist. Und die, die wirklich eins brauchen, sind froh, wenn sie wegen der anderen nicht im Stau stecken.

Dann müsste man erheblich in die Infrastruktur investieren.

Planzer: Selbst als Transportlogistiker bin ich nicht der Meinung, dass es überall mehr Strassen braucht. An gewissen neuralgischen Punkten müsste man sich das aber schon überlegen. Gehen wir etwas zurück in die Vergangenheit. Wie lange haben wir beim Walensee vom «Qualensee» gesprochen. Bis wir die Autobahn gebaut haben. Der Ausweichverkehr auf Lokalstrassen war für die Menschen, die in den Ortschaften entlang der Autobahnen leben, eine Zumutung. Ohne Autobahnen werden der öffentliche Verkehr und der Langsamverkehr behindert. Die Unfallgefahr wächst, und in der Regel braucht man auch mehr Zeit für die Fahrt.

Trede: Wenn es eine smarte Lösung ist, dann wehre auch ich mich nicht gegen neue Strassen. Aber mindestens so wichtig wäre, dass man nicht über den Ausbau zu vier Spuren diskutiert, sondern auch über den Rückbau. Bei den Nationalstrassen, aber auch beim Lokalverkehr. Was nützt es beispielsweise, wenn man eine Einbahnstrasse einrichtet, worauf die Autofahrenden dreimal rumkurven, bis sie zum Zielort kommen? Es wird einfach viel zu wenig beachtet, dass die Lebensqualität zunimmt, wenn man gewisse Strassen umnutzt.

Nachdem die Mobilität ungebrochen ist: Müsste man nicht konsequent auf Elektrofahrzeuge umsteigen?

Trede: Das Platzproblem haben wir damit auch nicht gelöst. Die Elektroautos bringen Vorteile, unbestritten. Aber eine Lösung für alles bieten die

auch nicht. Der Rebound-Effekt ist problematisch, ebenso die Entsorgung und das Recycling der Batterien. Wobei ich zugeben muss, dass ich meine Zurückhaltung bei den E-Bikes etwas abgelegt habe. Früher dachte ich, dass es nur die Velofahrenden sind, die jetzt einfach aufs E-Bike umsteigen. Bis ich mich davon überzeugt habe, dass dieses Verkehrsmittel beispielsweise in der Landwirtschaft umwelttechnisch einen enormen Vorteil mit sich bringt. Wenn eine Landwirtin, ein Landwirt, schnell nach der Herde schauen muss, hat sie oder er früher den Traktor genommen. Jetzt kann man das E-Bike nehmen. Das Potenzial im Hinblick auf die so nötige Verhaltensänderung hat dort also eingesetzt. Aber ein Verbot der Verbrennungsmotoren unterstütze ich.

Planzer: Ich bin mir nicht so sicher, ob das wirklich eine so gute Sache ist. Oder zumindest wäre es zu früh. Bei einem Verbot käme es mir vor wie damals, als man nach der Nuklearkatastrophe im japanischen Fukushima in der Schweiz den Ausstieg aus der Kernkraft beschlossen hat. Aus der Emotion heraus, ohne dass man eine gesamtheitliche Betrachtung angestellt hat. Bei den E-Motoren ist es das Gleiche: Nur weil diese Diesel-Fritzen in Deutschland gelogen haben, muss man nicht einfach ein Verbot der Verbrennungsmotoren verordnen, ohne alle nötigen Abklärungen getroffen zu haben. Woher nehmen wir den Strom? Wie stellen wir ihn her? Woher nehmen wir die Batterien, und wie entsorgen wir sie? Kommen wir mit der neuen Technologie bei den Verbrennungsmotoren nicht schneller zum Umweltziel? Das Verkehrsgeschehen wird sich ohnehin verändern dank der technologischen Entwicklungen. Diese bieten die Möglichkeit, die Strassen effizienter und umweltfreundlicher zu nutzen.

Sie beide wollen die Mobilität auf einem leeren weissen Blatt neu zeichnen. Den Güterverkehr betreffend bliebe das Blatt weiss, wenn mit Cargo Sous Terrain (CST) der Güterverkehr in Tunnels unter den Boden verlagert würde.

Planzer: Ich verstehe nicht, warum so viele Leute an eine solche Schnapsidee glauben. Die Story ist ja wunderbar, das Idealbild sehr schön. Aber die Umsetzbarkeit scheitert nur schon an der Wirtschaftlichkeit. Zudem finde ich das Projekt geradezu fahrlässig: Die privaten Gelder finden sich, aber dann wird es nie wirtschaftlich. Bevor wir nicht die Schiene über der Erde ausgelastet haben, lohnt sich ein Investment in einen Schienentunnel wohl kaum.

Trede: Ehrlich gesagt habe ich schon etwas gestaunt ob der politischen Diskussion. Das Parlament hat einen positiven Entscheid für CST getroffen, obwohl das Gesetz ganz sicher in einer Schublade verschwinden wird. Mir kam die Debatte teilweise gar absurd vor. Wir diskutierten

ernsthaft schon über den genauen Enteignungsmechanismus. Dieser ist erstens klar gesetzlich geregelt, und zweitens muss man sich schon fragen, warum man sich schon auf solche Debatten einlässt, im Wissen, dass CST allein aus Wirtschaftlichkeitsgründen gar nie realisiert werden wird. Wir haben mit anderen Worten eine epische Scheindebatte geführt.

Das spricht nicht gerade für die Parlamentsarbeit.

Planzer: Grundsätzlich habe ich den Eindruck, dass das heutige Parlament viel weniger ideologisch und viel rationaler unterwegs ist. Deshalb habe ich auch die Hoffnung, dass bei der Mobilität nicht einfach zusätzlich reguliert wird und man vernünftige Lösungen ohne rigorose Verbote schafft. Das wäre auch mein Wunsch an die Politik: dass sie noch faktenbasierter entscheidet, dass sie sich eben nicht auf Scheindebatten einlässt, sondern aufgrund einer ehrlichen Ausgangslage ohne ideologische Scheuklappen gerade im Mobilitätsbereich akzeptiert, was wie viel kostet, und danach eine umweltgerechte Politik betreibt.

Trede: Aber es geht nicht ohne die Bevölkerung. Deshalb war ich nach dem Scheitern des CO_2-Gesetzes ziemlich deprimiert. Wir haben gefeilscht, alle haben Kompromisse gemacht, und dann ist uns die Bevölkerung nicht gefolgt – nicht zuletzt wegen der Benzinpreiserhöhung um 14 Rappen, was lächerlich scheint angesichts der Erhöhung aufgrund des russischen Einmarsches in der Ukraine mit all seinen auch wirtschaftlichen Konsequenzen!

Planzer: Das Scheitern des Gesetzes lag wohl nicht an den geschlossenen Kompromissen, sondern an der Kommunikation. Mir kommt dabei immer wieder das Bild der Lehrkraft in den Sinn, die an den Schülerinnen und Schülern verzweifelt, weil diese den vermittelten Stoff nicht begreifen. Anstatt an der Intelligenz der Schülerschaft sollte die Lehrkraft an sich selber zweifeln.

Trede: Mittlerweile setze ich noch stärker auf die Wirtschaft als auf die Politik. Ich war auch schon an einer GV von SwissHoldings, dem Verband der multinationalen Unternehmen in der Schweiz. Wenn ich deren Klimapläne studiere, sage ich mir, dass es die Politik fast gar nicht mehr brauchen würde, sollten sie diese Pläne wirklich so umsetzen. Gerade die Grossunternehmen haben begriffen, dass sie einfach handeln *müs-*

sen. Wahrscheinlich brauchte und braucht es aber doch noch den Druck der Politik, gerade auch der Grünen. Die Partei entwickelt sich bis heute weiter und ist gewachsen.

Planzer: Deshalb braucht es aber keine Verbote, auch nicht ein Verbot der Verbrennungsmotoren. Die Erfahrung hat auch hier gezeigt, dass der Druck auf die Privatindustrie durchaus seine Wirkung hat. Die Autoindustrie hat reagiert. Wenn wir die Verbrennungsmotoren verbieten, fühlt sich der Sektor nicht mehr gezwungen, bei den Technologien Fortschritte zu machen. Womit wir uns ins eigene Fleisch schneiden.

Wenn Sie Cargo Sous Terrain ablehnen: Wie sehen Sie beide die Zukunft des Schienengüterverkehrs?

Trede: Ach … Grundsätzlich leuchtet es doch allen ein, dass der Güterverkehr auf den Schienen eine gute Sache ist. Aber Jahr für Jahr schaue ich mir die Zahlen an und sehe, dass SBB Cargo schlechte Resultate erwirtschaftet. Wenn wir die Kostenwahrheit ernst nähmen, externe Kosten internalisieren, dann würde es besser aussehen. Wir müssen weiterhin auf mehr Effizienz pochen.

Planzer: Deshalb hat Verkehrsministerin Simonetta Sommaruga auch einen gröberen Fehler begangen, als sie dem Güterverkehr, der noch nie rentabel war, noch mehr Geld hinterherwerfen wollte. Wir haben seitens der Privatwirtschaft Hunderte von Millionen in Schienen-Logistikzentren investiert. Ich persönlich glaube auch an eine gute Zukunft für SBB Cargo. Nur schon deshalb, weil ich keinen zweiten Swiss-Fall wünsche und verhindern will, dass etwa die Deutsche Bahn die SBB Cargo übernimmt. Sonst würden nämlich nur noch Strecken wie Basel–Chiasso für den Güterverkehr eingesetzt, sicher nicht Bern–Zürich. Ich glaube an den Güterverkehr auf der Schiene. Alle Megatrends sprechen dafür und auch die Europapolitik. Aber so wie bis anhin kann es nicht mehr jahrelang weitergehen.

116

Aline Trede (1983) ist in Bern aufgewachsen. Nach Gymnasium und Studium der Umweltnaturwissenschaften an der ETH Zürich hinterliess sie ihre ersten beruflichen Spuren von 2008 bis 2014 als Kampagnenleiterin des Verkehrs-Clubs der Schweiz. Tredes Motto lautet bis heute nämlich: «Lieber angreifbar als unsichtbar.» 2013 rutschte sie für die Grünen des Kantons Bern in den National-rat nach, verlor den Sitz 2015 aber wieder. Die neu gewonnene Freiheit nutzte sie für einen CAS in BWL für Führungskräfte und für die Gründung ihres eige-nen Unternehmens. 2018 wurde sie erneut ins nationale Parlament gewählt und ist seit 2020 Fraktionschefin der Grünen.

Nils Planzer (1971) ist Hauptaktionär, Verwaltungsratspräsident und Geschäfts-führer der Planzer Transport AG. Er leitet das Familienunternehmen mit rund 5600 Mitarbeitenden als Vertreter der dritten Generation. Die Schweizer Tra-ditionen sind ihm wichtig. Das zeigt sich unter anderem darin, dass die Web-seite der mit 59 Standorten und neun im Ausland vertretenen Firma auch in Mundart gehalten ist. Nils Planzer hat eine Lehre als Lastwagenmechaniker absolviert. 1997 ist er ins familieneigene Unternehmen eingestiegen. Im Jahr 2017 kaufte er zudem zusammen mit dem ehemaligen Finanzchef von Kieser die Kieser Training AG.

Nadja Lang und Marc Maurer

Die beiden CEOs könnten auf den ersten Blick keine unterschiedlicheren Unternehmen führen: Nadja Lang ist CEO und Delegierte des Verwaltungsrats des Zürcher Frauenvereins (ZFV), eines 129 Jahre alten, von Frauen gegründeten Gastronomie- und Hotellerieunternehmens in Genossenschaftsform. Marc Maurer führt als Co-CEO die zwölfjährige Start-up-Firma On, gegründet von drei männlichen Freunden, an der die Tennislegende Roger Federer als Investor und Aktionär beteiligt ist. Getroffen haben sie sich am 1. September 2022 und nicht zum ersten Mal festgestellt, dass sie sich in der Bedeutung der Nachhaltigkeit und Innovation ziemlich einig sind. Aber nicht nur.

«Wir brauchen eine Wirtschaft, die der Gesellschaft dient, und nicht umgekehrt»

Nadja Lang, Sie führen ein Traditionsunternehmen, dessen etwas sperriger Titel Genossenschaft ZFV-Unternehmungen wenig Assoziationen weckt. Sie, Marc Maurer, das zwölf Jahre junge Start-up On, das mit dem «Laufschuh der Extraklasse» die Sportschuh-Welt revolutionieren will. Wie wichtig ist Geschichte für ein Unternehmen und für dessen Kultur?

Nadja Lang: Dass das Kürzel ZFV wenig Assoziationen weckt, sind wir uns bewusst, und wir arbeiten daran, die einzigartige Geschichte dahinter unseren Gästen und Kunden näherzubringen. Aber die DNA und die Geschichte sind ein enormer Wert, der nicht nur die Wurzeln, sondern auch die Basis für die Zukunftsausrichtung setzt. Völlig unabhängig, ob Traditionsunternehmen in Genossenschaftsform oder junges Start-up mit einem Weltstar als Aktionär – gegenwärtig im Vordergrund steht vermutlich für alle Firmen, dass man in einer sehr volatilen Welt mit rasant schnellen Veränderungen umgehen können muss. Lassen Sie mich das anhand eines Beispiels erläutern: Wir gehörten in der Hospitality-Branche während Corona zu den am härtesten getroffenen Branchen. Wir mussten nicht nur sehr hohe Verluste hinnehmen, sondern eine exorbitante Beschleunigung von Trends wie «Remotes Arbeiten und Lernen» verarbeiten, da dies unser Kerngeschäft Gemeinschaftsgastronomie massiv beeinflusst. Das verlangte von uns innert kürzester Zeit Anpassungen im Businessmodell. Kein Jahr später sehen sich andere Brachen erneut in einer sehr unerwarteten Krise, Stichwort Energieknappheit. Dies bedeutet, dass wir alle eine Unternehmenskultur brauchen, die mit starken Veränderungen und Transformationen umgehen kann. Das ist vermutlich für ein Traditionsunternehmen anspruchsvoller als für ein Start-up, das in den letzten Jahren alles neu aufbauen konnte.

> *«Unabhängig, ob Traditionsunternehmen oder junger Start-up mit einem Weltstar als Aktionär – in einer volatilen Welt mit rasant schnellen Veränderungen muss jede Firma damit umgehen können.»*
> *(Lang)*

120

Marc Maurer: Klar, wir konnten von Anfang an alles neu aufbauen, auch die Unternehmenskultur. Dazu gehörte wie selbstverständlich, dass wir in Open Space Offices arbeiten. Ebenso klar war für uns, dass wir Entscheide als Team treffen und nicht patriarchalisch von oben nach unten. Du bist in ein Traditionsunternehmen eingestiegen, hast eine bestehende Unternehmenskultur angetroffen und bist vielleicht zum Schluss gekommen, dass du diese verändern willst oder musst. Solche Wandlungsprozesse brauchen bei Traditionsunternehmen wahrscheinlich ziemlich viel Zeit. Die Firmengeschichte ist aber auch eine Chance. Es ist doch schön, wenn etwas Tradition hat und man die Werte, die über lange Zeit erarbeitet wurden, entwickeln und weitergeben kann. Ich glaube deshalb nicht zwingend, dass es einfacher ist, wenn man auf der grünen Wiese beginnt. Es ist einfach anders.

Lang: Viele Unternehmen in der Schweiz haben eine starke Geschichte und Tradition und sind übrigens oft aus gesellschaftlichen und nicht aus rein renditeorientierten Gründen entstanden. Das gilt für den ZFV genauso wie zum Beispiel für die grossen Detailhändler Coop und Migros oder die Kantonalbanken. Dieser gesellschaftliche Hintergrund sowie die Geschichte des Unternehmens sind sehr wichtig. Schliesslich wollen die meisten Menschen heute mehr denn je für ein Unternehmen mit Purpose arbeiten, indem sie einen Beitrag für die Gesellschaft leisten können. Der Dialog mit Menschen, die schon sehr lange beim ZFV oder eng mit ihm verbunden sind, ist mir sehr wichtig. Ich habe unzählige Gespräche geführt, weil ich überzeugt bin, dass ich die Geschichte für die Gestaltung der Zukunft verstehen muss. Dabei wurde mir auch klar, dass wir eine treuhänderische Aufgabe haben, nämlich die Werte und Ideen der Gründerinnen in die Zukunft zu übersetzen. Die Firma wurde von liberalen Frauen gegründet, um dem dazumal gravierenden Problem Alkoholismus sowie schlechten Arbeitsbedingungen der Frauen in der Gastronomie mit alkoholfreien Kaffeestuben etwas entgegenzusetzen. Heute stehen bei uns Themen wie gesunde und nachhaltige Ernährung respektive Arbeits- und Lebensweisen sowie Chancengerechtigkeit im Mittelpunkt unserer Strategie, deshalb haben wir unter anderem auch die Kinderkrippengruppe KiMi gekauft.

Kann ein Traditionsunternehmen mit diesem gesellschaftlichen Hintergrund gleich unternehmerisch unterwegs sein wie ein Start-up?

Lang: Die meisten Traditionsunternehmen waren vermutlich zumindest am Anfang sehr unternehmerisch unterwegs, sonst wären sie gar nie so lange erfolgreich gewesen. Die Herausforderung ist es aber, dieses Unternehmertum zu erhalten oder immer wieder neu zu beleben. Dies braucht in einem Traditionsunternehmen zweifellos mehr Anstrengungen, gerade wenn das Unternehmen zu einer gewissen Grösse herangewachsen ist und sich der Dialog und die gemeinsame Kultur nicht mehr so einfach und zufällig im Alltag einstellen. Wir brauchen eine Kultur, die den Dialog auf Augenhöhe führt und das Unternehmertum auf allen Ebenen fördert. Vor allem muss die Überzeugung vorherrschen, dass Zukunftsgestaltung etwas Positives ist. Es braucht die Bereitschaft und Lust zu gestalten und zu verändern. Unternehmertum hat für mich deshalb viel mit Offenheit für die Zukunft und Verantwortung zu tun.

Maurer: Das Unternehmertum muss in der ganzen Belegschaft vorhanden sein. Es braucht eine sehr hohe intrinsische Motivation von jeder und jedem. Wenn Unternehmertum gefördert wird, dürfen die Mitarbeitenden nicht sagen: «Das funktioniert noch nicht, deshalb kann ich den Job nicht machen.» Sondern umgekehrt: «Cool, das gibt es noch nicht, ich kann was Neues kreieren.» Bewegen wollen und nicht bewegt werden. Wenn diese intrinsische Motivation vorhanden ist, sieht man die Veränderung als etwas Positives an. Gewisse Risikokomponenten muss man dabei in Kauf nehmen wollen, aber da geht es nicht allein um monetäre Risiken. Wenn man wie wir ein Unternehmen gründet, denkt niemand an Geld. Zuerst gibt man mal sehr viel. Man gibt Vermögen und steckt es ins Unternehmen. Wir hatten eine Idee, und das war bei uns ein Laufschuh, der sich ganz speziell anfühlt. Wir waren davon fasziniert und glaubten ans Potenzial. Das war nicht risikofrei. Es gibt schliesslich einen riesigen Markt mit enorm vielen Laufschuhen. Nur fanden wir, dass es in diesem Markt an Innovation fehlt. So beginnt es wohl immer, in allen Industrien: Man glaubt, dass etwas fehlt. Am Anfang steht die Passion, man will sie ausleben, man gibt und beginnt. Irgendwann mal denkst du: «Cool wäre es, wenn wir 10 000 Stück unseres Produkts verkaufen können», und später sagst du dir: «Vielleicht schaffen wir es mal, Millionen an Umsatz zu machen.»

«Wenn man wie wir ein Unternehmen gründet, denkt niemand an Geld. Zuerst gibt man mal sehr viel.» (Maurer)

Lang: Passion ist unverzichtbar. Deshalb ist der vorher erwähnte Purpose und die Identifikation damit so wichtig. Wir müssen uns täglich damit beschäftigen und in die Realität umsetzen.

Maurer: Natürlich, und das fällt in unserem jungen Unternehmen nicht so schwer. Wir sind ein superjunges Team, und es ist allen von Anfang an klar, wofür wir stehen. Bei uns bewirbt sich niemand, der Bewegung doof findet. Bewegung im Kopf, aber natürlich auch in der Natur. Bei unseren Mitarbeitenden ist der Gedanke an die Nachhaltigkeit und die feste Überzeugung, dadurch etwas zum Guten verändern zu können, entscheidend. Das meine ich mit intrinsischer Motivation. Ohne diese Passion erreichst du in deinem Unternehmen keine Innovation.

Wie erreicht man Passion in einem Traditionsunternehmen, bei dem die Mitarbeitenden schon sehr lange dabei und nicht mehr «superjung» sind?

Lang: Passion und Unternehmertum sind keine Frage des Alters, sondern der Haltung. Unsere Vision ist «Gastfreundschaft für eine Gesellschaft, in der wir alle leben wollen». Sie verbindet unsere Geschichte mit der Zukunft und uns als Team. Dass Menschen diese Vision teilen, ist nicht nur bei der Rekrutierung wichtig, sondern auch in Kundenbeziehungen. Dies zu kommunizieren und täglich zu leben, ist für unser Unternehmen in dieser Grösse und Dezentralität sicher anspruchsvoller als bei euch. Auch haben wir mehr Erklärungsbedarf als ihr mit viel medialer Präsenz, die euch als erfolgreiches Start-up in der ganzen

123

«Stark wird man mit
unabhängigen Teams,
die schnell und agil
Themen angehen und
Probleme lösen können.»
(Maurer)

Wachstumsphase und im Zusammenhang mit dem Börsengang hattet.

*Anpassen muss man aber auch die Führungsstruktur.
Auch hier hat es ein Start-up einfacher als ein Traditionsunternehmen.*

Maurer: Sicher. Früher sagte der Chef, wie es läuft. Ich bin überzeugt, dass das heute nirgends mehr funktioniert, auch nicht in einem Traditionsunternehmen. Die Gesellschaft hat sich zu sehr verändert. Stark wird man mit unabhängigen Teams, die schnell und agil Themen angehen und Aufgaben lösen können. Es ist nicht Nadja Lang oder Marc Maurer, die sagen, wo es durch geht. Das, was zusammenhält, ist die gelebte Vision oder Mission. Nur wenn sich alle mit dem gemeinsamen Purpose identifizieren können, bekommen wir die starken Teams, die den Erfolg ausmachen.

Lang: Allein schon wegen der heutigen komplexen Marktveränderungen ist ein hierarchischer Führungsstil nicht mehr sinnvoll. Eine Person allein kann bei der heutigen Komplexität gar nicht mehr genügend Sichtweisen und Erfahrungen ins Unternehmen einbringen. Die Gastronomie ist tendenziell eine traditionelle Branche. In einer Küche geht es in den Stosszeiten sehr hektisch zu. Da braucht es ganz klare Strukturen, was oftmals über starre Hierarchien gelöst wird. Dennoch bringt uns diese Führungskultur und das Denken in der Vergangenheit nicht in die Zukunft. Klare Abläufe und Prozesse sind für uns nach wie vor sehr wichtig, aber sie müssen sich mit einer neuen Führungskultur mischen. Das ist ein mindestens ein so anspruchsvoller wie spannender Prozess, und gerade die Menschen in der Gastronomie haben gezeigt, dass sie mit viel Passion auf die aktuellen Veränderungen in der Branche eingehen. Den Unterschied zu eurem Unternehmen sehe ich auch darin, dass ihr stark Research & Development braucht und deshalb auch zentraler getrieben seid. R & D und damit Innovation in der Zentrale ist relativ einfach über Distribution zu skalieren. Wir hingegen sind eine Flächenorganisation mit rund 200 Betriebsleitungen und grossen Teams. Da braucht es eine andere Art von Führung und Zusammenarbeit; die Impulse aus den Betrieben müssen genauso wie diejenigen des Marktes, der Gäste und der Kunden in die Innovationen einfliessen.

Maurer: Auch uns sind die Flächenorganisationen und damit auch eine andere Führungsstruktur nicht fremd. Die grossen Teams arbeiten bei uns in den riesigen Lagerhäusern und Fabriken. Aber sie sind nicht von uns angestellt, wir haben diese Organisationen outgesourct. Im Unterschied zu euch sind wir aber in über 60 Ländern tätig. Ein Grossteil ist in den USA. Der Einfluss aus den USA zu Themen wie Diversity und Inclusion ist auch auf unsere Mitarbeitenden in der Schweiz sehr gross.

Lang: Unser Unternehmen ist ebenfalls sehr divers, einfach «nur» in der Schweiz. Bei uns arbeiten Menschen verschiedenster Nationen und Hintergründe – vom Lernenden bis zur Pensionierten freuen sie sich beispielsweise immer noch darüber, zwei Stunden über Mittag Gäste bedienen zu dürfen. Beide Firmen haben aber Luft nach oben bezüglich der Diversität im Verwaltungsrat. Wir haben nur einen Mann, ihr habt nur eine Frau.

Maurer: Bei On sind in leitenden Funktionen mehr als 50 Prozent Frauen, aber zugegebenermassen ist bei uns die am wenigsten diverse Gruppe diejenige im Verwaltungsrat. Von sieben Mitgliedern sind drei Gründer von On. Und wir haben nur eine Frau. Wir suchen nach einer zweiten, idealerweise nach einer dritten. Der männliche Überhang ist auf die historische Unternehmertum-Komponente zurückzuführen: Wir waren ganz zu Anfang drei, dann fünf Männer. Im Jahr 2012, als wir kein Geld

hatten, mussten wir zuerst jemanden finden, der Geld gibt und auch mitmacht. Da war es nicht unsere erste Sorge, dass wir nur Männer hatten. Wenn es ums Überleben geht, zählen andere Treiber. Dafür ist Diversity heute ein umso wichtigeres Thema.

Lang: Dass ihr nur männliche Gründer hattet, ist sicher kein Zufall. Es hat mit dem traditionellen Netzwerk zu tun. Es ist ja nicht so, dass nur Männer Geld haben, nur Männer unternehmerisch tätig sind und sich nur Männer gerne in der Natur bewegen.

Maurer: Auch ich stelle mir immer wieder die Frage, warum im ganzen Gründerbereich mehr Männer als Frauen anzutreffen sind. Das hat meines Erachtens nicht damit zu tun, dass Frauen risikoaverser sein sollen, wie man immer wieder hört, sondern vielmehr mit den gesellschaftlichen Strukturen in der Schweiz, die im internationalen Vergleich rückständig sind.

Lang: Oftmals gehen Männer nach der Arbeit zu ihren Netzwerken, während Frauen möglichst viel Zeit für die Familie investieren. Das ändert sich jetzt glücklicherweise mit den jungen Vätern; es wird mehr aufgeteilt. Kürzlich schrieb jemand auf LinkedIn, dass Karriere ihren Preis hätte. Da kam gerade grosser Widerstand auf mit der Bemerkung, das dürfe nicht so sein. Schön wärs! Um dies zu ändern, muss der Preis für die Karriere fairer aufgeteilt werden zwischen den Eltern, aber auch zwischen den Arbeitgebenden und Arbeitnehmenden.

Maurer: Ich habe noch nie einen Geburtstag meiner Kinder verpasst, und in unserem Unternehmen ermöglichen wir es allen, dies gleichzutun. Arbeitgeber müssen individuelle Präferenzen zulassen. Das tun wir. Solche Themen sind regelmässig Diskussionspunkte mit unseren Führungskräften.

Lang: Auch ich verschiebe Geschäftsleitungssitzungen, damit Eltern am ersten Schultag ihrer Kinder dabei sein können. Das bedingt aber wiederum, dass man Leute mit Unternehmergeist im Team hat, denn es ist ein Geben und Nehmen. Es braucht mit anderen Worten Mitarbeitende, die im Gegenzug auch einmal einen freien Tag verschieben, um an einem wichtigen Kundentreffen teilzunehmen. Auch wenn sie Teilzeit arbeiten.

Würden Gesellschaftsthemen wie Diversity, Inclusion, Gleichberech-
tigung rascher vorankommen, wenn Unternehmerinnen und Unter-
nehmer wie ihr in die Politik einsteigen?

Maurer: Stimmt schon, wir müssten uns eigentlich an der eigenen Nase
nehmen. Ich fände es aus verschiedenen Gründen wichtig, dass wir stärker in der Politik vertreten wären. Meiner Meinung nach ist das Milizsystem eine grosse Stärke, und es liegt an uns, dieses weiterhin aktiv zu
leben. Aber um sich in die Politik einzubringen, muss man nicht unbedingt ein politisches Amt ausführen. Man kann sich auch anderweitig
einbringen. Zum Beispiel haben wir 2020 die Swiss Entrepreneurs
& Startup Association (SWESA) gegründet. Mit dem neuen Verband soll
die politische Arbeit zur Verbesserung der Rahmenbedingungen zugunsten von Start-ups und innovativen KMUs massgeblich gestärkt werden.

Lang: Wobei ich den Eindruck habe, dass Wirtschaft, Politik und Gesellschaft heute wieder näher zusammengerückt sind; hier hatten und haben die Krisen vielleicht einen guten Einfluss, man muss stark zusammenarbeiten. Mindestens so wichtig wie die Ausübung eines politischen Amts ist für Wirtschaftsvertreterinnen und -vertreter, dass sie bei gesellschaftlichen Themen wie Nachhaltigkeit ihre Haltung auch gegen aussen vertreten und vor allem gegen innen auch umsetzen. Das ist umso wichtiger, als das Vertrauen der Bevölkerung in die Wirtschaft in den letzten Jahren gelitten hat. Wir hatten viele politische Vorstösse zu mehr Regulierung in der Wirtschaft wie die Minder-Initiative, Quotenregelungen, wir hatten den Klima- oder den Frauenstreik. Dies alles, weil die Zivilgesellschaft der Wirtschaft nicht zutraut, dass sie diese Themen von sich aus an die Hand nimmt. Will die Wirtschaft diese Glaubwürdigkeit wiedergewinnen, braucht es mehr Leute an der Wirtschaftsspitze, die sich engagieren und beweisen, dass sie diese Themen ernst nehmen.

Auslöser für diesen Vertrauensverlust sind die Exzesse bei den Boni. Das wirft man auch On vor.

Maurer: Die Diskussion ist medial viel zu kurz gegriffen. Wir haben ein Unternehmen gegründet und sind ein unternehmerisches Risiko eingegangen. Im Jahr 2013 haben wir uns keinen Lohn ausbezahlt, weil wir das Geld brauchten, um die Löhne unseres Teams zu bezahlen. In den letzten zwölf Jahren haben wir ein Unternehmen geschaffen, das heute mehrere Milliarden Börsenkapitalisierung hat und Tausende von Angestellten. Dies hat schliesslich zu unserer Kompensation geführt. Es handelt sich um Unternehmertum. Etwas ganz anderes ist es, wenn angestellte Manager von Unternehmen sich belohnen, ohne dass sie ein Risiko tragen und dazu teilweise erst noch Wert vernichten. Es würde mich sehr freuen, und ich fände es für die Schweiz wichtig, wenn die Gesellschaft positiver auf unternehmerischen Erfolg schaut. Die Schweiz braucht Unternehmertum. Dadurch wird Innovation gefördert und entstehen Tausende von Arbeitsplätzen. Glücklicherweise ist die Schweiz auch ein funktionierender Sozialstaat, sodass der unternehmerische Erfolg dann auch einem Umverteilungsmechanismus unterliegt. Die AHV beispielsweise lebt genau von diesem Mechanismus.

Lang: Grundsätzlich sind wir uns einig. Aber mindestens so wichtig wie das Speisen der Sozialsysteme ist, dass Unternehmen durch Innovation neue Arbeitsplätze schaffen. Nur so werden wir weiterhin eine hohe Beschäftigungsquote haben für alle Generationen. Wenn nämlich, wie in vielen Ländern, die Vollbeschäftigung auch nicht annähernd erreicht wird und zum Beispiel steigende Jugendarbeitslosigkeit herrscht, kann das zu grossen gesellschaftlichen Problemen führen. Auch müssen wir in Zeiten von Fachkräftemangel die Staatsquote noch stärker im Auge behalten. Wir brauchen die Arbeitskräfte da, wo Wertschöpfung entsteht, die wiederum der Gesellschaft zugutekommt.

Sie betonen beide, wie wichtig es ist, zwar nicht zwingend über ein politisches Amt, aber doch durch Einflussnahme die Politik zu beeinflussen. Im Thema Nachhaltigkeit, das in euren Unternehmen einen sehr starken Stellenwert einnimmt, ist die Wirtschaft viel weiter als die Politik. Wie erklären Sie sich das?

Lang: Früher war die Nachhaltigkeit ein Differenzierungsmerkmal, das die Firmen nutzen konnten. Heute kommt die ernsthafte Beachtung des Themas Nachhaltigkeit immer mehr einer Licence to operate gleich. Der Kapitalmarkt und vor allem auch die Kundinnen und Kunden haben grosse Erwartungen. Es bestehen Abhängigkeiten in der Wertschöp-

fungskette und von den Investoren. Wenn man da nicht sensibel genug ist, kann man im Markt gar nicht mehr bestehen.

Maurer: Ich frage mich tatsächlich auch immer wieder, warum die Wirtschaft das Thema «Nachhaltigkeit» besser begriffen hat als die Politik. Ich habe den Eindruck, dass das Klima zum Opfer des politischen Prozesses geworden ist. Wir Unternehmer können eindimensional positiv operieren in dem Sinn, als wir sagen: «Nachhaltigkeit ist uns wichtig, und wir gehen voran.» In der Politik ist die Entscheidungsfindung sehr komplex, und es gibt viele Partikularinteressen. Schliesslich leidet das Klima. Unternehmerisch gibt es verschiedene Hebel, um auf die Nachhaltigkeit einzuwirken. Wir können das zum Beispiel durch innovative Technologien und Prozesse tun.

Lang: Bei einer nachhaltig geführten Firma sind Umwelt und Gesellschaft sehr wichtig, die Finanzen aber ebenso. Nachhaltige Führung setzt für mich voraus, dass man in gewissem Mass eine kerngeschäftsorientierte Debatte führt. Wo liegen die grössten Hebel im Kerngeschäft, um eine Firma nachhaltig zu machen? E-Autos zu fahren, ist zwar gut und schön, aber ausser in der Automobil- oder Logistikbranche gehört das nicht zum Kerngeschäft. Die wahren Impact-Themen sind bei einem Logistikunternehmen ganz anders als in der Gastronomie. Bei uns sind dies vor allem die Themen gesunde und umweltfreundliche Ernährung, da können wir einen positiven Einfluss nehmen.

Maurer: Bei uns liegen die grössten Hebel im Produkt, in der Produktion und darin, dass die Produkte möglichst lange getragen bzw. rezykliert werden. Wobei ich meine, dass die Ernährung durchaus ein sehr wichtiges Thema ist. Wenn wir uns nicht darum kümmern, dass wir auch in 100 Jahren noch im Wald joggen können, werden wir uns weniger bewegen. Wenn wir uns schlecht ernähren, bewegen wir uns auch weniger. Wenn wir uns wenig bewegen, weil wir uns schlecht ernähren, haben wir schlechtere Ideen. Es hängt also vieles zusammen, wenn man die Nachhaltigkeit wirklich ernst nimmt.

Lang: Schliesslich geht es um die Kernaussage, dass wir eine Wirtschaft brauchen, die der Gesellschaft dient und nicht umgekehrt. Darum arbeiten ja viele so intensiv auf diesen Themen. Diejenigen Firmen, bei denen die Nachhaltigkeit in ihrer DNA ist, haben eine bessere Ausgangslage. Eine ernsthafte Nachhaltigkeitsorientierung verlangt heute sowohl der Kapital- als auch der Arbeitsmarkt.

Maurer: Ich bin der Meinung, dass die Investoren bei der Einforderung der Nachhaltigkeit noch viel zu large sind. Das beginnt nur schon damit, dass es keine standardisierte Reporting-Form gibt. Aber auch bei den Kundinnen und Kunden würde ich mir wünschen, dass das Thema mehr Aufmerksamkeit bekommt. Ein Beispiel: Wenn eine Kundin oder ein Kunde in ein Outdoor-Geschäft geht und sich einen Schlafsack für eine Übernachtung im Freien kauft, ist die Nachhaltigkeit wichtig, weil man sich im Mindset von Natur und Outdoor bewegt. Wenn der gleiche Kunde aber in einem Sportgeschäft einen Laufschuh kaufen will, werden vor allem Fragen technischer Art gestellt. Weil das Mindset viel mehr auf den biomechanischen Komponenten liegt. Wir müssen die intrinsischen Treiber bei der Kundenmotivation unbedingt verbessern, in allen Einkaufssituationen.

Lang: Unabhängig, ob ein Schuh recycelbar ist oder nicht: Es werden viel zu viele Schuhe verkauft. Ihr müsstet deshalb das Geschäft viel grundlegender hinterfragen, und ihr müsstet euer Businessmodell so umstellen, dass Schuhe beispielsweise viel länger halten.

Maurer: Wir sind dran. Wir haben erst kürzlich ein Recommerce-Programm eingeführt, bei dem unsere US-Kundinnen und -Kunden ihre On-Schuhe zur Zweitverwertung einschicken können. Zudem bieten wir mit dem Cloudneo einen voll rezyklierbaren Schuh an, der nur im Abonnement erhältlich ist. So können wir sicherstellen, dass die Produkte nicht im Müll, sondern bei uns enden und wir daraus Neue machen können. Aber zugegeben: Da hat die Industrie noch viel Arbeit vor sich.

Also bräuchte es vielleicht doch mehr politischen Druck?

Maurer: Es ist nicht Aufgabe der Politik, das Konsumverhalten zu regulieren. Das muss die Gesellschaft tun. Ich finde, wir sollten unseren Kundinnen und Kunden nicht vorschreiben, was sie zu tun haben. Aber wir müssen Transparenz schaffen, damit die Grundlagen für die Entscheidungsfindung vorhanden sind. Die Politik soll sich darauf beschränken, die passenden Rahmenbedingungen zu schaffen. Das tut sie aber leider nicht immer. Nur ein Beispiel: Wir möchten eine führende Wissenschaftlerin in die Schweiz bringen, die ein einmaliges Know-how hat in einem für uns relevanten Nachhaltigkeitsthema. Sie kommt aber nicht aus dem EU-Raum, sondern aus einem

«Es ist nicht Aufgabe der Politik, das Konsumverhalten zu regulieren. Das muss die Gesellschaft tun.» (Maurer)

131

Drittstaat. Das ist aufgrund der Kontingentierung unglaublich kompliziert! Bis wir dann irgendwann mal die Arbeitsbewilligung bekommen, hat die Person schon längstens eine andere Herausforderung in einem anderen Land angenommen. Bis junge Unternehmen, die nicht wie Grossunternehmen über direkte politische Beziehungen verfügen, alle bürokratischen Hürden überwunden haben, dauert es für unternehmerische Verhältnisse eine halbe Ewigkeit.

Nadja Lang (1973) machte eine Banklehre, danach studierte sie Betriebswirtschaft an der Zürcher Hochschule für Angewandte Wissenschaften und bildete sich unter anderem am IMD und INSEAD weiter. Sie arbeitete bei Coca-Cola und General Mills im Marketing und Innovationsmanagement. Von 2005 bis 2017 war sie bei Fairtrade Max Havelaar tätig, darunter mehrere Jahre als CEO in der Schweiz. Vier Jahr engagierte sich Nadja Lang als Multi-Verwaltungsrätin. Seit 2022 ist sie CEO und Delegierte des Verwaltungsrats des ZFV. Sie ist Mitglied des Verwaltungsrats bei der Schweizerischen Post AG sowie den Pax Lebensversicherungen.

Auch Marc Maurer (1981) studierte an der Zürcher Hochschule für Angewandte Wissenschaften und bildete sich an der INSEAD-Business School weiter. Er arbeitete bei Kuoni und Sunrise, bevor er fünf Jahre lang bei McKinsey tätig war. Anfang 2013, knapp drei Jahre nach Gründung von On, begann er sich an der «Revolution des Laufgefühls» als COO und Miteigentümer zu beteiligen. Seit Januar 2021 ist er Co-CEO mit Aktivitäten in über 60 Ländern. Von Anfang an dabei ist Maurer auch bei der Swiss Entrepreneurship & Startup Association (SWESA). Sie bezweckt die Förderung von Start-ups und des nachhaltigen Unternehmertums.

Jane Owen und Walter Thurnherr

Das Gespräch zwischen der damals britischen Botschafterin in der Schweiz, Jane Owen, und dem Bundeskanzler Walter Thurnherr fand an einem speziellen Tag statt. Am 5. September 2022, 13.30 Uhr, wurde die neue, allerdings nur kurz amtierende, britische Premierministerin Liz Truss ernannt, um 14 Uhr trafen sich Jane Owen und Walter Thurnherr in Bern zum Austausch über die bestehenden wirtschaftlichen und sicherheitspolitischen Kooperationen der beiden Nicht-EU-Länder.

«Sicherheit garantiert auch Wohlstand»

Grossbritannien hat zusammen mit den USA früh vor der russischen Invasion in der Ukraine gewarnt und durch ein dezidiertes Verhalten sicherheitspolitisch überzeugt. Hätte der Krieg verhindert werden können?

Jane Owen: Es war ein ohne irgendwelchen externen Einfluss durch Putin provozierter Angriff. Wenn ein Krieg allein vom Willen eines solchen Machthaber angezettelt wird, ist ein Einfluss zur Verhinderung wahrscheinlich nicht möglich. Das Verhalten von Putin ist unter allen Titeln unentschuldbar, und wir müssen gemeinsam alle Anstrengungen unternehmen, um uns ihm entgegenzustellen. Im Rückblick waren wir vielleicht zu selbstgefällig bezüglich unserer Vorstellungen von wirtschaftlich erfolgreichen Beziehungen und haben die sicherheitspolitischen Aspekte zu wenig berücksichtigt. Wir haben nun dazugelernt und achten künftig besser auf die Kombination von Sicherheitsüberlegungen und wirtschaftlicher Prosperität. Was unter allen Umständen vermieden werden muss, sind strategische Abhängigkeiten vor allem von Staaten, die unsere Werte nicht teilen.

Walter Thurnherr: Kein Krieg ist zwingend. Niemand hat Putin gezwungen, anzugreifen. Es wäre auch reichlich kühn, davon auszugehen, dass die Invasion der Ukraine ohne NATO-Osterweiterung nicht stattgefunden hätte. Putin wollte zwar nicht die alte Sowjetunion wiederaufleben lassen, aber zumindest deren Zerfall korrigieren. Darauf hätte man sich besser einstellen können. Etwas präziser, aber auch schwieriger als die Frage, ob man den Krieg hätte verhindern können, ist deshalb, ob der Westen früher hätte einschreiten sollen. So unangekündigt war der Krieg nämlich nicht. Die Krim-Annexion 2014, der Cyberangriff auf die Stromversorgung in der Ukraine 2015, der Angriff im Donbass, die Nervengiftan-

«Was unter allen Umständen vermieden werden muss, sind strategische Abhängigkeiten vor allem von Staaten, die unsere Werte nicht teilen.»
(Owen)

136

schläge auf Sergei Skripal und seine Tochter Julija in Salisbury im Jahr 2018 und derjenigen auf Alexej Nawalny zwei Jahre später waren allesamt Zeichen dafür, wie Putin denkt, dass er die Opposition kontrollieren und die Ukraine dominieren will. Mit dem «benefit of hindsight» hätte man früher eingreifen sollen. Aber man könnte auch noch weiter zurückgehen und sich fragen, ob Putin überhaupt an die Macht gekommen wäre, wären die Reformen in der Sowjetunion anders aufgegleist worden oder gelungen. Perestroika war weniger ein Umbau als ein Abbau, man hatte danach mehr Kriminalität, mehr Korruption und mehr im Alkohol ertränkte Arbeitslosigkeit. Zudem gab es mehrere, in Russland als Provokationen wahrgenommene Aktionen durch den Westen, beispielsweise eben die mit Georgien und der Ukraine geführten Gespräche über einen möglichen NATO-Beitritt im Jahr 2008. Auf jeden Fall führt kein logischer oder zwingender Verlauf zum Krieg, es ist eher ein Geflecht von unabsehbaren Verstrickungen, bösen Absichten und von zu wenig Widerstand des Westens.

Grossbritannien hat schon vor dem Krieg in der Ukraine mit der «Integrated Review» vom März 2021 eine umfassende Strategie verfasst, in der sich die Regierung als demokratisches Land mit universellen Werten zu besonderen auch sicherheitspolitischen Aufgaben verpflichtet. Hat die Regierung den Krieg in der Ukraine also doch vorausgesehen?

Owen: In einer Welt geopolitischen Wettbewerbs müssen wir als europäisches Land mit globalen Interessen dafür sorgen, dass wir im Zentrum eines Netzwerks von gleichgesinnten Ländern und flexiblen Gruppierungen aktiv sind und bleiben. Wir sind der führende europäische Alliierte in der NATO. Das Militärbündnis bleibt die Grundlage der kollektiven Sicherheit in der euroatlantischen Heimatregion, wo Russland das grösste Sicherheitsrisiko ist. Diese noch unter Boris Johnson verabschiedete «Integrated Review» wird auch von der heutigen Regierung mit Vehemenz umgesetzt werden. Wir wollen die liberale Ordnung in der europäischen und atlantischen Politik stärken. Allerdings sollten wir unsere Beziehungen mit der Weltgemeinschaft so organisieren, dass sie etwas ausgeglichener werden. Das gilt für die Politik genauso wie für die Wirtschaft. Die Abhängigkeit von einem Partner allein ist nie empfehlenswert.

Thurnherr: Über Jahre haben alle, in Europa und in der Schweiz, über fast alle Konflikte gesagt: «Dieser Konflikt ist militärisch nicht lösbar.»

Und jetzt erleben wir, dass das eine wertlose Floskel war und dass die Himars-Raketen der Ukrainer entscheidender sind als alle mühsamen, ergebnislosen oder peinlichen Premierminister-Telefongespräche mit Putin, um den Kreml zu beruhigen. Das hat einigen hierzulande zu denken gegeben. Darüber hinaus stellen wir fest, dass es drei verschiedene Kriege in der Ukraine gibt: den militärischen Krieg, den ökonomischen Krieg und den Informationskrieg. Sie werden wahrscheinlich nicht gleichzeitig aufhören. Beim militärischen Krieg versuchen wir uns rauszuhalten, bei den beiden anderen sind wir unweigerlich mittendrin. Diese Zusammenhänge anzuerkennen und auszusortieren, war Gegenstand der politischen Debatte der letzten Monate in der Schweiz. Wie sieht unsere Neutralitätspolitik in diesem Fall aus? Welche Sanktionen übernehmen wir? Wie würden wir handeln, wenn China Taiwan angreifen würde? Usw., usw. Plötzlich realisierten wir, dass die schlimmen Dinge nicht nur weit weg, irgendwo im fernen Ausland, passieren, sondern Auswirkungen direkt bei uns haben können, und dass wir abhängig sind von vielen Dingen: vom Gas, vom Strom, von Getreide, von Halbleitern usw. Bis anhin haben wir uns da gerne etwas vorgemacht. Die Franzosen haben den «eingebildeten Kranken», bei uns beherrschte der «eingebildete Unabhängige» die Diskussion.

Die Abhängigkeit von der taiwanesischen Halbleiterkultur, um nur ein Beispiel zu nennen, ist erschreckend. Braucht es da nicht ein Umdenken westlicher Staaten? Wir waren naiv, nur auf Freihandel zu setzen.

Thurnherr: Ich glaube, bis zu einem bestimmten Grad hat schon ein Umdenken stattgefunden. Nicht erst seit dem Ukrainekrieg, bereits vorher mit Corona und aufgrund der Spannungen mit China. Man muss wissen, unsere Vorsorgewirtschaft stammt noch aus dem Zweiten Weltkrieg. Bis vor nicht allzu langer Zeit hatten wir noch ein Pflichtlager für Schmiermittel. Heute lagern wir Kaffee, Getreide, Öl usw. für ein paar Monate. Aber wir sind nicht mehr in den 1950er-Jahren. Heute sind wir abhängig vom Internet, von Halbleitern und von Druckerpatronen. Es ist klar, in der Krise entdeckt man den Staat. Aber Krisenprävention bedeutet heute eben mehr als Pflichtlagerhaltung und eine starke Armee. Dazu gehören insbesondere eine vernetzte Aussenpolitik und eine diversifi-

zierte Aussenwirtschaftspolitik. Und hier besteht meines Erachtens noch Luft nach oben. Interessanterweise ist auch in Europa eine gewisse Ernüchterung erkennbar geworden. Über die letzten Jahre ist das Selbstbewusstsein in Brüssel gestiegen. Und jetzt realisieren sie dort, dass sie von China abhängig sind, wegen des Handels, von Russland, wegen der Energie, und von den USA, wegen der Sicherheit. Auch in der EU dürfte ein Umdenken stattfinden.

Grossbritannien ist geografisch eine Insel, die Schweiz im übertragenen Sinn. Tim Marshall schreibt in seinem Bestseller Die Macht der Geografie, dass das Land, in dem wir leben, uns schon immer geprägt hat. Stimmen Sie zu?

Owen: Wir interpretieren unsere Unabhängigkeit naturgemäss anders als die Schweiz. Allein schon aus historischen Gründon, aber auch wegen unserer geografischen Lage. Aufgrund unserer Rolle in den zwei Weltkriegen, als ständiges Mitglied des UNO-Sicherheitsrats oder als Gründungsmitglied der NATO sind wir Garant für Friedensbestrebungen in der Welt. Jedem ist klar, wofür wir einstehen, sowohl militärisch als auch humanitär. Dennoch sind die Gemeinsamkeiten zwischen Grossbritannien und der Schweiz nicht zu unterschätzen. Wir beide sind uns unserer demokratischen Werte sehr wohl bewusst und wollen diese auch in der

«Wenn die Schweiz
glaubwürdig für ihre
Werte einstehen will,
dann genügt es nicht zu
sagen: ‹Wir setzen uns für
die Werte ein, sind aber
strikt neutral.› » (Owen)

Welt vertreten. Heute erst recht. Spätestens seit dem Ukrainekrieg auch mit einem neuen Bewusstsein.

Thurnherr: Der Vergleich mit der Insel ist nicht ganz unberechtigt. Wenn Sie aus dem Fenster schauen, sehen Sie ein Land, das in vielen Bereichen besser abschneidet als andere. Wer hier zu Hause ist, kann sich «von» schreiben. Gleichzeitig haben wir uns angewöhnt, von dieser Insel aus die Stürme und Seeschlachten wie interessierte, allenfalls besorgte, aber letztlich kaum betroffene Beobachter zu verfolgen bzw. zu bedauern. Dass ein Hochwasser auch unsere eigene Insel bedrohen könnte – was in der weiteren Vergangenheit ja auch ab und zu vorgekommen ist –, das haben wir gerne verdrängt. Zunehmend haben wir uns auf die Innenpolitik beschränkt, und wenn unsere Regierung kommuniziert, dann ist das in praktisch allen Fällen eine Kommunikation gegen innen. Meines Erachtens dürfte sich das ändern. Wir sind ein weltoffenes, wirtschaftlich starkes und von den meisten geopolitischen Entwicklungen stark beeinflusstes Land. Wir werden in Zukunft mit anderen Regierungen vermehrt über die Lage in Europa und der Welt sprechen und etwas weniger über unsere bilateralen Probleme und Problemchen. Aussenpolitik ist mehr als die Verwaltung der Aussenbeziehungen.

Wobei das zumindest in der Schweiz auch mit unserem Regierungssystem zu tun hat.

Thurnherr: Ja, wir haben mit sieben Ministern ein relativ kleines Kabinett, und wir sitzen nur in wenigen internationalen Organisationen (und sind damit nicht einmal schlecht gefahren). Wenn bei uns ein Politiker einmal im Ausland ist, statt in einer Kommissionssitzung oder im Parlament, muss er sich erklären. Die Wirtschaft ist international, die Politik ist national. Ich habe auch noch nie gehört, dass eine Fraktion bei einer bevorstehenden Bundesratswahl die Kandidatin oder den Kandidaten nach ihrem bzw. seinem internationalen Beziehungsnetz gefragt hat. Entscheidender ist, wie gut man Economiesuisse, den Bauernverband oder die Parlamentarierinnen und Parlamentarier kennt.

Da werden Sie auf Widerstand stossen. Immerhin geht es uns besser als den meisten europäischen Ländern.

140

Thurnherr: Stimmt. Wir haben eine sehr geringe Arbeitslosigkeit, ein hervorragendes Gesundheitssystem, bessere Sozialversicherungen als an den meisten anderen Orten, eine Bildung und Ausbildung, die man sich leisten kann usw. Auf den ersten Blick kann man sich tatsächlich fragen, wo das Problem liegt. Das Problem ist, dass es nicht automatisch so bleiben muss. Die Zukunft ist nicht zwingend die stetige Fortsetzung der Gegenwart. Dafür muss man etwas tun.

Hat die mangelnde Aussenorientierung der Schweiz mit unserer Neutralität zu tun?

Thurnherr: Neutralität hat etwas mit unserer Kleinheit zu tun. Versetzen Sie sich zurück ins 19. Jahrhundert: Deutschland, Frankreich, Grossbritannien und Österreich waren ständig in irgendwelche Kriege, unübersichtliche Konflikte und undurchsichtige Intrigen verwickelt. Der Reflex der Schweiz, in einer solchen Situation mit Vorsicht, Skepsis und im Kriegsfall mit Neutralität zu reagieren, war plausibel und klug. Und nach dem Zweiten Weltkrieg, den wir nicht nur wegen, aber insbesondere wegen der Neutralität überlebt hatten, war die Schweiz derart von dieser Haltung überzeugt, dass die Neutralität nicht mehr nur ein aussenpolitisches Instrument, sondern zu einem eigentlichen Selbstzweck wurde. In den 1960er-Jahren hat sich das geändert. Damals und seither sprachen

viele von der «kollektiven Sicherheit», und dass die Schweiz nicht abseits, sondern auf der Seite des Völkerrechts stehen müsse. Das war auch Grundlage dafür, dass wir Sanktionen der UNO oder der EU übernehmen können und sollen. Heute stellen wir fest, dass die kollektive Sicherheit nicht mehr überall funktioniert. Die grossen internationalen Organisationen sind blockiert. Und auf gewisse Weise gleicht die Weltpolitik – die Kriege, Konflikte und Intrigen, dieses Mal zwischen den Russen, Chinesen, Europäern und Amerikanern – den Zuständen im überwunden geglaubten 19. Jahrhundert. Die Frage der Neutralität stellt sich erneut, dieses Mal allerdings komplizierter, denn wir wissen nicht mehr genau, wie man verschont bleiben kann. Wir sind durch die steigenden Energie- und Weizenpreise genauso betroffen wie unsere nicht neutralen Nachbarländer, und wir dürften auch in derselben Lage sein wie sie, wenn es zu einem Cyberangriff kommt. Deshalb begrüsse ich die inzwischen lancierte Neutralitätsdebatte sehr.

Auch wenn die britische Botschafterin sich nicht in die schweizerische Neutralitätsdebatte einmischen darf: Im Ausland wurde unser Verhalten nach Ausbruch des Ukrainekriegs auch in Grossbritannien mit den Worten kommentiert: «Die Schweiz hat die Neutralität aufgegeben.»

Owen: Natürlich beobachten und verfolgen wir mit Interesse, wie sich die Haltung der Schweiz zur Neutralität entwickelt. Ich habe grossen Respekt vor dieser Debatte in der Schweiz, vor allem auch, weil sich die Schweiz bei der Auslegung der Neutralität flexibel zeigt. Den Ausdruck «flexibel» möchte ich dabei in keiner Art und Weise negativ verstanden wissen. Die Diskussion hat sich nämlich pragmatisch geändert als Antwort auf die geopolitische Situation im globalen Kontext. Die Schweiz kann ihre aktive Neutralität beibehalten, muss aber ihre Stimme erheben, wenn etwas komplett falsch läuft wie etwa im Angriffskrieg von Russland in der Ukraine. Wenn die Schweiz glaubwürdig für ihre Werte einstehen will, dann genügt es nicht zu sagen: «Wir setzen uns für die Werte ein, sind aber strikt neutral.» Ich freue mich, dass eine lebhafte nationale Debatte über Neutralität stattfindet. Bis vor etwa zehn Jahren bekam ich auf die Frage in England, wie unsere Beziehung zur Schweiz ist, immer die Antwort: «Oh, die wirtschaftlichen Beziehungen sind grossartig.» Das hat sich sukzessive erweitert. Heute gehen die Bezie-

«Aussenpolitik ist mehr als die Verwaltung der Aussenbeziehungen.»
(Thurnherr)

hungen weit über die rein wirtschaftliche Dimension hinaus, gerade im Bereich der Aussenpolitik und Sicherheit. Teilweise wegen des Brexits, teilweise wegen des Verhältnisses der Schweiz zur EU, teilweise wegen ihres Vorgehens während des Ukrainekriegs. Alles in allem vor allem, weil die Schweiz die Notwendigkeit einsieht, für ihre Werte einzustehen in einer komplett veränderten Welt, in der die geopolitischen Gleichgewichte sich so stark verlagern.

Leiden die Guten Dienste der Schweiz bei der aktuellen Debatte zur Neutralität?

Thurnherr: Erstens gibt es eine Reihe von Staaten, die nicht neutral sind und trotzdem Gute Dienste leisten. Zweitens werden neutrale Staaten in der Regel immer das Problem haben, dass ihre Neutralität infrage gestellt wird. Das war schon im Kalten Krieg so. Die Sowjetunion hat die Schweiz nie als richtig neutral betrachtet, sondern als «westlich neutral». Drittens sind die Angebote der Guten Dienste zu einem regelrechten Markt geworden. Gewisse Staaten, vor allem, wenn sie isoliert sind, spielen die anderen Staaten gegeneinander aus. Man kann eine Regierung schon mit dem Hinweis auf mögliche Gute Dienste dazu bringen, sich selbst etwas zurückzunehmen, weil sie die Option auf eine allfällige Rolle in der Weltpolitik und auf die damit verknüpfte internationale Aufmerksamkeit nicht von Anfang an gefährden will. Wir sollten und werden weiterhin unsere Guten Dienste anbieten. Einen Anspruch darauf haben wir aber nicht, und wir sind auch nicht die Einzigen, die eine Friedenskonferenz durchführen können. Vermittlung ist dann noch eine Schuhnummer grösser. Wer Vermittlung anbieten will, muss mindestens drei Voraussetzungen erfüllen: Er muss den Konflikt sehr gut kennen, wesentlich besser als das, was man aus den Medien lernen kann. Er muss die Leute kennen, die in diesem Konflikt eine Rolle spielen, er sollte die Sprache kennen, die dort gesprochen wird, und er sollte die Geschichte des Konflikts kennen. Letztere ist in der Regel komplizierter als das, was auf Twitter Platz hat. Zweitens sollte er über Sticks verfügen und drittens über Carrots, also über Mittel, um die Konfliktparteien zu drücken und zu ziehen. Das alles ist nicht so einfach, vor allem für uns Schweizer nicht. Dennoch sind wir immer noch gut vertreten bei den Guten Diensten, und obwohl uns Russland als «unfriendly state» qualifiziert hat, vertreten wir immer noch die georgischen Interessen in Russland und umgekehrt.

«Die Angebote der Guten Dienste sind zu einem regelrechten Markt geworden.» (Thurnherr)

Hat die globale Vernetzung Grossbritanniens mit dem Brexit gelitten?

Owen: Für eine Bilanz ist es zu früh. Aber wir sind schon rein historisch sehr aussenorientiert, seit über 500 Jahren. Wir sind und bleiben eine Handelsmacht. Wir standen schon immer für den freien Handel ein und lehnten auch den Protektionismus immer ab. Das zeigt sich nur schon durch unsere bedeutende Industrie: sei es in der Luft- und Raumfahrt, im Öl- und Gashandel, der Auto- und Pharmaindustrie – wir sind natürlich gewachsen durch sehr grosse Investitionen. Grossbritannien gehört immerhin zu den zehn grössten Herstellernationen der Welt. Dies auch nach dem Brexit, und wir sind entschlossen, das auch zu bleiben. Nach dem Brexit dachten viele, dass aus unserem Einwanderungsland eine geschlossene Gesellschaft wird. In Wirklichkeit geschah genau das Gegenteil: Wir haben uns der Welt geöffnet, haben keine Quoten eingeführt. Wer sich um ein Jobangebot bemüht und grundlegende Qualifikationsanforderungen erfüllt, ist in Grossbritannien willkommen. Bei uns leben über sechs Millionen Ausländerinnen und Ausländer mit ausgezeichneten Kompetenzen und Fähigkeiten. Wir wollen es unseren Unternehmen noch einfacher machen, indem wir diesen politischen Diskurs weiterführen und noch stärker mit Ländern wie der Schweiz zusammenarbeiten. In einem gesunden Wettbewerb. Auch ohne EU-Mitgliedschaft.

Also kann sich die Schweiz getrost am ehemaligen EU-Mitglied Grossbritannien orientieren, wenn es um den Assoziationsgrad geht?

Thurnherr: Wir sollten uns schon etwas Sorgen machen. Die Beziehungen zwischen der Schweiz und Brüssel sind nicht so geregelt, wie wir uns das wünschten. Längerfristig werden wir das zu spüren bekommen. Allerdings, gerade was die Personenfreizügigkeit betrifft, ist die Situation nicht einfach. In Grossbritannien leben rund 10 Prozent Ausländerinnen und Ausländer, in der Schweiz sind es über 25 Prozent. Wenn wir den nicht bewohnbaren Alpenraum abziehen, sind wir eines der am dichtesten bevölkerten Länder Europas. Und wir sind nach wie vor nicht EU-Mitglied. Dass wir unter diesen Umständen unsere Interessen vertreten, sollte man Bern nicht verdenken. Vieles würde sich meines Erachtens mit etwas Anstrengung einrenken lassen, bei zwei, drei Punkten wird es ohne Entgegenkommen beider Seiten nicht gehen. Wir haben ein intrinsisches Interesse, zusammen mit Europa Lösungen für drängende Probleme zu suchen, und deren gibt es zurzeit

«Wir haben uns der Welt geöffnet. Wer sich um ein Jobangebot bemüht, ist in Grossbritannien willkommen.» (Owen)

genug. Denken Sie nur schon an die (grenzüberschreitende) Energieversorgung, an den gegenseitigen Handel, an den Ukrainekrieg, oder – in
einem anderen Bereich – an die Digitalisierung. Hier gehört die Schweiz
nur noch zu den Nachvollziehern der Regulierung der anderen.

Owen: Die Digitalisierung ist ein sehr gutes Beispiel für eine erfolgreiche
Zusammenarbeit zwischen Grossbritannien und der Schweiz. Insbesondere durch die Industriesektoren, in denen beide Länder führend sind,
zum Beispiel bei den Lifesciences oder generell im Gesundheitswesen,
wo die Digitalisierung von eminenter Bedeutung ist. Das britische System ist nicht perfekt, aber wir haben ein E-Health-System für 55 Millionen Menschen. Im Finanz- und Versicherungsbereich ist die Digitalisierung ebenfalls entscheidend. Wenn ich mit den Banken oder
Versicherungen spreche, sei es in Grossbritannien oder der Schweiz, so
wird als grösste Bedrohung nie die fehlende EU-Mitgliedschaft genannt,
sondern ob man die Digitalisierung rechtzeitig managen kann. Was das
Klima und die Umwelt betrifft, sind die Schweizer und unsere KMU führend im Digitalisierungsprozess.

*Gerade im Gesundheitsbereich hinkt die Schweiz in Bezug auf die
Digitalisierung stark hinterher. Denken wir nur an die Misere während
Corona.*

Thurnherr: Ja, Aber das Gesundheitswesen und E-Government sind nur ein beschränkter Teil in diesem riesigen Feld. Und selbst bei E-Government machen wir uns zuweilen schlechter, als wir sind. Die grossen Herausforderungen sehe ich im Bereich der Datenbewirtschaftung bis zur Datenspeicherung, wo wir Fortschritte machen, über neue Technologien, wo wir an einzelnen Universitäten sehr gut aufgestellt sind, der Ausbildung und der Infrastruktur, wo wir besser geworden sind, bis zur Cybersicherheit, wo ich hoffe, dass wir besser geworden sind.

Wo sehen Sie denn die Zusammenarbeit ausserhalb des Privatbereichs, zum Beispiel in der Sicherheitspolitik?

Owen: Wir haben einen informellen Dialog betreffend Cybersecurity ins Leben gerufen. Beide Länder könnten nämlich zum Opfer fallen: Genf beherbergt mehrere UNO-Institutionen, und viele internationale Grossunternehmen haben ihren Sitz in der Schweiz. Solche Multis haben wir auch in London. Deshalb ist eine engere Zusammenarbeit zwingend.

Welchen Beitrag können Grossbritannien und die Schweiz zur Beilegung der grossen geopolitischen Krisen leisten?

Thurnherr: Die Schweiz wird nur einen kleinen, aber allenfalls nützlichen Beitrag leisten können. Weltpolitik gleicht leider noch in vielerlei Hinsicht einem schlecht beaufsichtigten Pausenplatz, auf dem die Achtklässler das Sagen haben und die Ellbogen oder die Fäuste einsetzen, um die Drittklässler zu überzeugen, dass sie recht haben. Es fehlt ja auch nicht an zündenden Ideen, wie man Kriege lösen könnte. Das Problem ist oft der fehlende Wille. Die Schweiz kann dann helfen, wenn die Regierungen, die in solche Kriege und Krisen verwickelt sind, ernsthaft an einer Lösung interessiert sind. Ich persönlich habe mehr als einmal erlebt, dass ein guter Experte im Verfassungsrecht oder auf dem Gebiet des Föderalismus eine Idee hat einbringen können, die beide Konfliktparteien akzeptiert haben, nicht zuletzt weil die Idee von unverdächtiger Seite formuliert wurde. Aber wir sollten hier bescheiden bleiben.

Es gibt die autokratisch und die demokratisch geführten Staaten. Und die dazwischen, die sich noch nicht für die eine oder andere Form entschieden haben. Wie gewinnen wir diese Staaten?

Thurnherr: Das müssen diese Staaten letztlich selber entscheiden. In der Regel dauert das eine Weile. Wir dürfen nicht vergessen: Solange sind wir auch noch keine Demokratie, wenn wir unter einer Demokratie verstehen, dass alle Bürgerinnen und Bürger abstimmen und wählen dürfen. Unsere Geschichte ist geprägt von viel Krach und Krieg, auch wenn es etwas weiter zurückliegt. Die blutigste Schlacht der Schweizer Geschichte war nicht eine gegen die Habsburger, sondern als wir 1712 col ber aufeinander losgegangen sind, um die jeweils andere Seite vom falschen Glauben abzubringen. Bis heute steht in Villmergen keine Schlachtkapelle. Und wenn es eine gäbe, müsste wohl über dem Eingang die Frage stehen: «War es das wert?» Es ist eine der grössten Errungenschaften der Schweiz gewesen, diesen religiösen Graben überwinden zu können. Aber es hat Jahrhunderte gebraucht. Ähnlich ist es mit der Demokratie: Das war eine sehr lange und zuweilen zähe Entwicklung. Es gibt auch kein Küchenrezept. Man wird immer wieder Rückschläge erleben. Längerfristig ist es aber das in verschiedener Hinsicht erfolgreichste Modell, und deshalb wird es wohl auch immer wieder ausprobiert.

Owen: Für uns ist es absolut entscheidend, mit liberalen Gesellschaften auf der ganzen Welt zusammenzuarbeiten. Ich habe viele Jahre in Indien gelebt. Das Land ist unglaublich gross und komplex, aber es ist eine funktionierende Demokratie. Das Gleiche gilt für Brasilien, das in der Lebensmittelproduktion von grösster Bedeutung ist. Will man mit westlichen Werten überzeugen, muss man jedes Land einzeln mit seinen Eigenheiten und Vorteilen anschauen.

Stimmt Sie die geopolitische Sicherheitslage nur pessimistisch?

Thurnherr: Wir sind in einer schwierigen Phase, es gibt aktuell zu viele schwierige Konflikte. Optimistisch stimmt mich, dass inzwischen, nach zwei Weltkriegen, bekannt ist, wie schnell wie viel schiefgehen kann, und es steht viel auf dem Spiel. Ob das reicht, ist eine andere Frage. Angesichts der globalen Entwicklungen, zum Beispiel was den Klimawandel betrifft, sind wir schon zufrieden, wenn das Schlimmste verhütet werden kann.

Owen: Ich gehe mit dem Bundeskanzler einig. Wir stehen vor wichtigen Herausforderungen, aber ich bin zuversichtlich, dass wir diese bewältigen können. Die Bevölkerungen und Regierungen sind sich der Situation bewusster als früher. Sie sind sich des Sicherheitsbedürfnisses und ihres Wertegefüges sehr bewusst und tun mehr dazu als noch vor fünf Jahren, um es zu erhalten und zu bewahren. Daneben haben wir die beiden grossen Herausforderungen «Klimawandel» und «Digitalisierung». Insbesondere Innovationen helfen uns, eine bessere Welt zu schaffen.

Jane Owen (1963) ging im Malvern College zur Schule und studierte am Trinity College in Cambridge Sprachen (Russisch, Französisch und Deutsch). 1987 trat sie in den diplomatischen Dienst ein. Sie war von 1990 bis 1993 in Japan stationiert. Nach mehreren Stationen im Aussenministerium in London ging sie 1998 nach Hanoi als stellvertretende Missionschefin und kehrte 2002 für vier Jahre nach Japan zurück. Es folgten mehrere Stationen in Indien (2006–2010) und als Botschafterin in Norwegen (2010–2014). Danach diente sie als britische Botschafterin für die Schweiz und Liechtenstein bis Ende 2022 in Bern.

Walter Thurnherr (1963) beschreibt seine Rolle so: «Meine Macht ist beschränkt. Aber ich habe etwas Einfluss. Ich kann vermitteln oder steuern, ich koordiniere und mache Vorschläge.» Thurnherr studierte theoretische Physik an der ETH Zürich. 1989 trat er in den diplomatischen Dienst ein. Er war in Moskau und New York, bis ihn der damalige Aussenminister Flavio Cotti 1997 zu seinem persönlichen Mitarbeiter ernannte. 1999 wurde er stellvertretender Chef der Politischen Abteilung VI. Danach amtete er als Generalsekretär zunächst des EDA, dann des Volkswirtschaftsdepartements und schliesslich des UVEK. Seit 2016 ist er Bundeskanzler der Schweiz.

Reto Knutti und Petra Gössi (Bilder: Monika Flückiger)

Der Klimawandel lässt beide alles andere als kalt: Reto Knutti erforscht ihn nicht nur als Professor an der ETH Zürich, sondern meldet sich mit seinen Expertisen auch regelmässig in der Öffentlichkeit und über die Medien zu Wort. Für die freisinnige Nationalrätin Petra Gössi, die immer wieder in ihrer Schwyzer Heimat in den Bergen anzutreffen ist, ist die Klimapolitik eine «Herzensangelegenheit mit liberaler Signatur». Was dem Klimaforscher Knutti nicht genügt. Zum Gespräch getroffen haben sie sich im politischen Umfeld, nämlich im Bundeshaus, nach dem heissen Sommer am 30. August 2022.

«Alarmismus bei der Klimadebatte hat trotz Dringlichkeit viel mit Populismus zu tun»

So zynisch es tönen mag: Helfen die vielen Krisen der letzten Jahre wie die Pandemie, der drohende Energieengpass oder die Lieferketten-probleme aufgrund des Ukrainekriegs einem wirkungsvolleren Klima-schutz?

Petra Gössi: Für die Politik würde ich diese Frage klar bejahen. Die meisten Menschen reagieren erst, wenn sie direkt betroffen sind, und befürworten dann auch die notwendigen Gesetzesanpassungen. Im überdurchschnittlich heissen Sommer 2022 erlebten praktisch alle, die wandern gingen, die rasant schmelzenden Gletscher und die ausgetrockneten Flüsse. Die Veränderungen waren manifest und trafen alle. Die Sichtbarkeit führt zu persönlicher Betroffenheit. Dasselbe ist bei der Energiekrise der Fall. Das erleichterte die Gesetzgebung zur Förderung der erneuerbaren Energien.

Reto Knutti: Ein Grossteil der Bevölkerung hat sich darauf besonnen, dass gewisse Dinge nicht selbstverständlich sind, so zum Beispiel die Versorgungssicherheit. Die Globalisierung stösst an ihre Grenzen, das bestätigen mir im Gespräch auch Finanzdienstleister. Schon in der Pandemie hat sich gezeigt, dass wir nicht so gut aufgestellt sind, wie wir immer annahmen. Mit dem Ukrainekrieg und der Energieknappheit haben praktisch alle realisiert, dass wir nicht mehr beliebig weiterwursteln können. Kurzfristig sehe ich für das Klima allerdings mehr Schaden als Nutzen. Wir akzeptieren umweltschädliche Energieträger wie Öl, Gas und Kohle, und auch die Kernkraftdiskussion wird wieder geführt. Kurzfristig wird es deshalb negative Ausschläge geben, aber langfristig helfen die Krisen tatsächlich, endlich die richtige Richtung einzuschlagen.

Gössi: Politisch stehen die kurzfristigen Massnahmen, die wir brauchen, um den nächsten Winter zu überstehen, im Vordergrund. Für diese Problemlösung tut sich momentan auf den unterschiedlichsten Ebenen sehr viel. Gleichzeitig ist es mir ein Anliegen, dass man alle denkbaren Möglichkeiten für die Zukunft berücksichtigt und die Diskussion technologieneutral führt. Das heisst, dass alle möglichen Technologien – auch die Kernkraft – miteinander im Wettbewerb stehen sollen und alle Technologien die gleichen Chancen bekommen. Diese Diskussion darf aber nicht missbraucht werden, um sich den kurzfristigen Problemlösungen zu verweigern.

> *«Man muss alle denkbaren Möglichkeiten für die Zukunft berücksichtigen und die Diskussion technologieneutral führen.» (Gössi)*

Knutti: Mit der Technologieneutralität bin ich grundsätzlich einverstanden. Nur ist dabei die Gefahr gross, dass man rein auf die persönlichen Interessen abstützt. Das erschwert kurzfristige Lösungen. Die Interessenvertreter, die beispielsweise auf die Kohle setzen oder auf die Kernkraft, nutzen jedes Vehikel. Man kann schon darüber diskutieren, aber für die nächsten zwei, drei Jahre bringt das gar nichts. Bei der SVP habe ich den Eindruck, dass sie einfach die Situation ausnutzt, um von der aktuellen Fokussierung auf die CO_2-Emissionen abzulenken.

Gössi: Es darf nicht darum gehen, in populistischer Manier auf eine Sparte einzudreschen. Jede Partei lebt auch von der Interessenvertretung. Es gehört zur Verantwortung der Politik, gerade bei kurzfristigen Lösungen, auch auf unangenehme Mittel zurückzugreifen, die uns die nächsten Winter überstehen lassen. Dazu zähle ich Gaskraftwerke, auch wenn man diese klimapolitisch eigentlich nicht mehr will. Aber sie können helfen, dass die Wirtschaft nicht heruntergefahren werden muss, das wäre nämlich noch viel schädlicher. Die aktuell schwierige Situation führt zu Anreizen, dass Innovationen wieder vermehrt im Zentrum stehen, weil der Druck, Lösungen zu finden, stark zugenommen hat. Innovation hat in der Vergangenheit geholfen, und sie wird es auch in Zukunft tun. Da tut sich gerade in der Wirtschaft einiges. Nehmen wir das Beispiel von mangellage.ch. Diese private Initiative schaltet eine Handelsplattform für Stromkontingente auf. Ich finde solche Initiativen faszinierend.

Wie nutzt die Politik das Momentum der Sichtbarkeit längerfristig?

Gössi: Indem wir die schwierigen Situationen, in denen wir uns befinden, für eine Gesetzgebung nutzen, die sich dann langfristig auszahlt. Nehmen wir den Mantelerlass, das Bundesgesetz über eine sichere Stromversorgung mit erneuerbaren Energien. Der Ständerat hat im Herbst 2022 verschiedene mögliche Anpassungen des Stromversorgungs- und des

Energiegesetzes diskutiert und beispielsweise neu verbindliche Ziel-werte im Energiegesetz beschlossen. Also nicht mehr nur Richtwerte für die Jahre 2035 und 2050. Oder wer hätte noch vor Kurzem gedacht, dass Bewilligungsverfahren so geändert werden, dass alpine Solarparks erstellt werden können.

Knutti: Während 30 Jahren hat man überlegt, ob und unter welchen Bedingungen man auf einer Lärmschutzwand ein Solarpanel montieren kann. Das ist doch Irrsinn! Schrauben wir die PV-Anlagen doch ohne Aufheben rauf, wo wir können! Endlich realisieren wir, dass es gar nicht so schwierig ist. Ich hoffe, dass diese Erfahrung auch hilft, in anderen Bereichen nachzuziehen, wo wir noch nicht viel weiter sind. Beispiels-weise bei der Elektromobilität. Diese wird kommen, ob man es will oder nicht. Sie ist attraktiv, günstig, leise und angenehm. Also lasst uns vor-wärtsmachen!

Allerdings entstehen unter anderem CO_2-Emissionen sowie Schadstoffe bei der Stromproduktion, die einberechnet werden müssen. Ganz zu schweigen von der energieaufwendigen Produktion und Entsorgung der Batteriezellen.

Knutti: Jede Mobilität hat Nachteile, und es ist deshalb wichtig, dass man sich immer wieder die Frage stellt, wie viel Mobilität überhaupt nötig ist. Aus Klimasicht ist die Elektromobilität ein wichtiger Schritt. Das können wir seitens der Wissenschaft glaubwürdig nachweisen.

Wie definieren Sie Ihre Rolle als Wissenschaftler?

Knutti: Man vergisst häufig, dass es unsere Hauptaufgabe ist, die nächste Generation an unserer Technischen Hochschule auszubilden. Erst recht zu Zeiten des Fachkräftemangels. Die zweite Aufgabe ist Forschung und Innovation. In erster Linie Grundlagenforschung, aber auch angewandte Forschung. Früher erwartete man von der Wissenschaft einzig, dass sie die Zahlen auf den Tisch legt und dann schweigt. Die Gesellschaft und die Politik hätten schliesslich zu entscheiden, was man mit diesem Zahlenmaterial macht. In der Klimaforschung, wo ich tätig bin, war das lange so. Der Bericht des Intergo-vernmental Panel on Climate Change (IPCC) sollte prä-sentiert werden, aber bitte ohne jegliche Interpretation. Diese Ansicht hat sich glücklicherweise stark gewandelt.

«Früher erwartete man von der Wissenschaft einzig, dass sie die Zahlen auf den Tisch legt und dann schweigt.» (Knutti)

Zahlen sind schliesslich nie selbsterklärend. Sie müssen in einen Kontext gestellt werden. Das hat auch die Pandemie gezeigt: Die Reproduktionszahl des Coronavirus allein bringt keine Erkenntnisse. Man muss die Zahl nennen und dann die Geschichte erzählen: Was bedeutet die Zahl, und wie könnte man darauf reagieren? Die Wissenschaft kann die politischen Entscheide natürlich nicht vorwegnehmen, aber sie muss sie einordnen: Was sind die Risiken, was sind die Kosten? Aber zurück zu meinem Gebiet: Das Klimaübereinkommen von Paris hat das Ziel festgelegt, die durchschnittliche globale Erwärmung im Vergleich zur vorindustriellen Zeit auf deutlich unter 2 Grad Celsius, wenn möglich 1,5 Grad zu begrenzen. Die Wissenschaft muss aufzeigen, welche Wege zu diesem Ziel führen. Darum haben wir auch klar zum CO_2-Gesetz Stellung bezogen. Das führte zu Widerstand, aber das darf uns nicht daran hindern, Position zu beziehen. Wenn wir das nicht machen, wer sonst?

Gössi: Ich schätze es sehr, wenn die Wissenschaft das Zahlenmaterial ausführlich einbettet. Das blosse Lesen eines IPCC-Berichts und dessen richtige Interpretation sind zwei verschiedene Paar Schuhe. Um Zahlen interpretieren zu können, müssen diese im richtigen Kontext stehen. Lassen Sie mich das an einem Beispiel erklären: Während des Hitzesommers im Jahr 2022 bin ich mit Freunden am Doubs an der schweizerisch-französischen Grenze entlanggelaufen. Ein Geologe, der uns begleitet hat,

hat uns beim Betrachten des ausgetrockneten Sees und Flusses die Hintergründe erklärt und nebenbei bemerkt, dass dies auch früher schon vorgekommen sei. Einer aus unserer Gruppe meinte, dann sei das sich verändernde Klima ja nicht so tragisch. Worauf der Geologe erwiderte, um die Welt müsse man sich keine Sorgen machen, um die Menschheit hingegen schon. Wenn ein Wissenschaftler, der in Millionenjahren und nicht politisch denkt, eine solche Aussage macht, verfehlt das die Wirkung bei mir nicht.

Knutti: Nur haben gewisse Bürgerliche sogar ihre liebe Mühe mit ganz und gar unpolitischen Aussagen. Wenn ich in einer Politsendung des Schweizer Fernsehens sage, die Schweiz müsse bis 2030 die Emissionen halbieren und bis 2050 das Netto-Null-Ziel erreichen, ist das ein Fakt. Weil wir das Pariser Klimaabkommen auch ratifiziert haben. Dann muss mir der SVP-Politiker nicht sagen, die Wissenschaft habe zu schweigen. Das Problem ist nicht, was ich sage, sondern dass das Faktum seinen Interessen widerspricht.

Gössi: Bis zu einem gewissen Grad sind das auch Nachwehen der Pandemie. Da haben Wissenschaftler der Taskforce so kommuniziert, dass ihre Aussagen als politische Meinungen verstanden werden mussten.

Knutti: Das war kein Problem der Wissenschaft, sondern ein Problem des Politdialogs. Die Wissenschaftlerinnen und Wissenschaftler hatten teilweise überhaupt keine Erfahrung im Dialog mit der Politik. Ich sage auch nicht, dass ich immer richtig kommuniziere. Aber nach 20 Jahren kenne ich die Leute, auch die Politikerinnen und Politiker. Ich kenne deren Erwartungen und weiss, welche ich erfüllen kann und welche nicht. Das war gerade am Anfang der Pandemie bei den Politisierenden nicht der Fall. So war der Bundesrat in entscheidenden Momenten nicht sehr wissenschaftsaffin, um es vorsichtig auszudrücken.

Gössi: Ich gebe dir recht. Wir müssen erreichen, dass dieser Dialog besser funktioniert. Es müssen aber auch alle in ihrer Rolle bleiben. Nehmen wir noch einmal das Beispiel der Pandemie: Wie sich die Viren verhalten, dafür gibt es die wissenschaftliche Forschung. Aber welche Massnahmen einer Bevölkerung auferlegt werden, ist eine politische Wertung. Ich habe in unzähligen Diskussionen in meiner Region erfahren, wie sich Menschen verhalten, vor allem, wenn sich die Wissenschaft zu apodiktisch äussert. Sie mag vielleicht sogar recht haben, aber bei der Bevölkerung stösst das auf Widerstand, und dementsprechend verhält sie sich ganz anders, als man aufgrund der wissenschaftlichen Erkenntnisse erwarten dürfte. Erst recht in einer Krise. Wir müssen den Diskurs deshalb vor allem dann schulen, wenn wir uns nicht im Krisenmodus befinden.

Knutti: Richtig, wir müssen den Dialog üben. Wir müssen uns besser kennen, um gegenseitig ein besseres Verständnis zu erhalten. In gewissen Bereichen funktioniert das sehr gut. Zum Beispiel bei der Nationalen Plattform Naturgefahren PLANAT. Dort sind alle gut vernetzt, die Exekutive, die Legislative, die Praktikerinnen, Wissenschaftler und die Bundesämter. Sie wissen, wie sie miteinander umgehen und dadurch die Naturgefahren analysieren können. Im Klimabereich sind wir noch nicht so weit.

Gössi: Die Politik muss akzeptieren, dass es wissenschaftliche Grundlagen gibt. Diese können zwar in Zweifel gezogen werden. Dies aber nur mit einer korrekten Begründung. Die Wissenschaft muss umgekehrt politisch gefasste Entscheide akzeptieren, auch wenn es ihr nicht passt. Die Auseinandersetzungen dürfen nicht in erster Linie medial ausgetragen werden, sondern müssen bestenfalls im sachlichen Rahmen und möglichst früh hinter den Kulissen stattfinden. Sonst wird die Bevölkerung gerade in einer Krisensituation zu stark verunsichert.

Knutti: Wenn es um die beschlossene Halbierung der Emissionen bis 2030 geht und Entscheide von der Politik getroffen werden, die nicht zum beschlossenen Ziel führen, ist es durchaus Aufgabe der Wissen-

«Es ist nicht die Stärke der Politik, in langen Dekaden zu denken.»

(Gössi)

schaft, darauf hinzuweisen. Das ist unangenehm, aber wer, wenn nicht wir, sollten auf diese Diskrepanz hinweisen? Diesbezüglich sind wir eine unabhängige Instanz.

Gössi: Die Politik funktioniert nicht so. Manchmal ist ein mehrheitsfähiger Kompromiss das Maximum, was man erreichen kann. So läuft der politische Diskurs: Etwas, was weniger weit geht als das Wünschbare, ist besser als gar nichts. Es ist nicht die Stärke der Politik, in langen Dekaden zu denken. Viele Politiker denken in Vierjahresabschnitten. Was leider auch dazu führt, dass die Verbindlichkeit von Aussagen leiden kann. Oft wird vergessen, weshalb früher eine bestimmte Position eingenommen wurde. Ich bin aber auch davon überzeugt, dass immer wieder Innovationen gefunden werden, die uns weiterbringen. Das Waldsterben ist so ein Beispiel: Es ist nicht eingetreten, weil Katalysatoren entwickelt wurden.

Knutti: Innovation ist extrem wichtig, aber es braucht fast immer einen politischen Rahmen, damit die Innovation auch funktioniert. Den Katalysator musste man gesetzlich vorschreiben. Man muss die Innovation mit anderen Worten implementieren. Innovation braucht zunächst einmal Geld, damit sie entwickelt wird. Wenn sie dann verfügbar ist, ist sie meistens noch zu teuer und deshalb zu wenig attraktiv. Das ist auch bei den erneuerbaren Energien so: Sie lohnen sich unter diesem Aspekt oft noch zu wenig.

Gössi: Das liberale Mittel sind die Lenkungsabgaben. Nach den Erfahrungen des gescheiterten CO_2-Gesetzes soll man das wünschbare Verhalten nicht lenken, sondern das nicht erwünschte Verhalten verteuern. Und die Einnahmen dieser Lenkungsabgaben an die Bevölkerung zurückgeben. Das setzt wichtige Anreize.

Knutti: Lenkungsabgaben sind grundsätzlich schon gut. Aber sie genügen nicht. Man muss zusätzlich eine Alternative bieten. Wenn man das Benzin verteuert, ist der Effekt ziemlich klein. Auch wenn man die Tickets für Kurzflüge um 20 Franken anhebt, ist die Wirkung praktisch inexistent. Die Leute fluchen und zahlen dann mehr. Neben der Lenkung braucht es also auch eine Förderung der Alternative. Damit die Elektromobilität gefördert wird, braucht es zum Beispiel mehr Ladestationen.

158

Gössi: Aus liberaler Sicht ist das problematisch. Wenn sich eine Technologie im Markt noch nicht durchgesetzt hat und der Staat eine Infrastruktur dafür aufbaut, ist das eine staatliche Förderung sondergleichen, die ich nicht befürworten kann.

Wo akzeptieren Sie, Frau Gössi, den Staat?

Bei der Absicherung von lebensnotwendigen Infrastrukturen.

Zur Absicherung lebensnotwendiger Grundlagen gehört doch auch ein intaktes Klima, eine intakte Natur?

Gössi: Der Staat muss die Zielsetzung vorgeben und die richtigen Rahmenbedingungen und Anreize setzen. Innovation erreicht die Wirtschaft zusammen mit der wissenschaftlichen Forschung viel schneller als der Staat.

Knutti: Wenn man versucht, Emissionen zu reduzieren um, sagen wir mal, 1 Tonne oder 10 Prozent, macht man es dort, wo es am einfachsten und günstigsten ist. So funktioniert die Technologieentwicklung. Der Privatmarkt würde anfänglich auf Effizienz und nie auf synthetische Treibstoffe setzen für Kerosin. Weil das viel zu teuer ist. Fossiles Kerosin jedoch ganz zu eliminieren, geht nicht mit Effizienz, dafür muss ein

Ersatz in grosser Menge vorhanden sein. Wenn der Staat nicht den Rahmen schafft, um die nötige Infrastruktur zu bekommen, wird man das Ziel nie erreichen. Mit der Solarförderung hat Deutschland dieser Technologie zum Durchbruch verholfen. Das wäre von selber kaum geschehen. Heute sind wir froh, dass wir sie haben.

Gössi: Man muss Alternativen bieten, damit bin ich einverstanden. Aber es liegt nicht am Staat, alle Alternativen zur Verfügung zu stellen.

Knutti: Er muss nicht die Alternativen bieten, aber die Instrumente, damit der Markt funktioniert.

Müsste das im globalen Verbund geschehen, damit faire Bedingungen für alle gewährleistet sind?

Knutti: Aus meiner Sicht ist es eine Illusion, dass die kleine Schweiz, auch wenn sie noch so schlau ist und viel Geld hat, etwas allein machen kann. Deshalb vertrete ich auch die Meinung, dass wir zumindest im Verbund mit der EU vorwärtsgehen. Es ist besser, Teil des Prozesses zu sein und den Prozess zu gestalten, anstatt sich der EU zu verschliessen, in der Annahme, man könne es allein besser.

Gössi: Mitreden ist immer gut. Voraussetzung dafür ist, dass man gute Beziehungen zu den Nachbarn pflegt und Strukturen zur Mitsprache definiert hat. Sind diese Erfordernisse nicht erfüllt, verlieren wir an Planungs- und Rechtssicherheit. Vonseiten der Wirtschaft höre ich oft, dass man nicht weiss, in welche Richtung die Schweiz marschiert, weil man auch nicht weiss, was die EU plant.

Knutti: Vor mehr als 20 Jahren nahm ich in den USA an einem Workshop teil. Schon damals sagte ein Vertreter der fossilen Branche, ich glaube, es war Exxon: Macht doch einen Preis für das CO_2. Egal, wie hoch. Entscheidet, macht den Preis für alle gleich hoch und ändert ihn nicht jedes Jahr. Wir brauchen Planungs- und Investitionssicherheit, damit sich unsere Investitionen eines Tages auch lohnen.

Die Wirtschaft macht schneller vorwärts als die Politik.

Gössi: Politik ist träge, weil wir komplizierte und langwierige Entscheidungsprozesse kennen. In wirtschaftlichen Strukturen kann viel schneller entschieden werden, weil nicht alle Meinungsträger in den Entscheid einbezogen werden müssen, wie dies in der Politik der Fall ist. Langsamkeit erachte ich aber nicht als Problem. Problematisch finde ich vielmehr, dass nicht alle die Fähigkeit haben, in langfristigen Horizonten zu denken.

Knutti: Die Wirtschaft macht einerseits schneller vorwärts, weil sie direkt betroffen ist. Beispielsweise durch Extremereignisse wie gestörte Lieferketten. Anderseits, und das dünkt mich der wichtigere Hebel, sind es indirekte Auswirkungen, welche die Wirtschaft schneller als die Politik handeln lässt. Sie hat Angst vor drohender Regulierung. Das ökonomische Risiko ist grösser und teurer, wenn die Wirtschaft nichts macht. Zudem rechnet sie sich zu Recht Chancen für neue Märkte aus. Die Swisscom beispielsweise saniert nicht nur ihre eigenen Gebäude, sondern bietet kleineren Unternehmen auch Dienstleistungen an. Zum Beispiel ein Monitoring von CO_2. Den KMU fehlt es oft an Know-how. Für einen Spengler ist es schwierig nachzuvollziehen, was netto null für seine Spenglerei bedeutet. Ein Grossunternehmen kann es sich leisten, einen ganzen Tag unzählige Experten aus den verschiedensten Bereichen einzuladen und über Nachhaltigkeit zu diskutieren. Die Kleinen können das nicht.

Gössi: Die Fachverbände können das übernehmen und tun es auch. Zugegebenermassen ist es für KMU schwieriger, weil sie auch nicht ohne Weiteres über die finanziellen Mittel verfügen. Ich habe dennoch grosses Vertrauen, dass sich auch dort etwas bewegt.

Knutti: Bis vor nicht allzu langer Zeit waren Verbände nicht allzu hilfreich in dieser Diskussion und haben sich mit Händen und Füssen gewehrt, irgendetwas zu verändern. Beim Hauseigentümerverband ist es immer noch so. Wir brauchen einerseits neue Köpfe, damit es vorwärtsgeht. Anderseits können Grossunternehmen auch bei den KMUs etwas bewirken. Wenn die Grossen beispielsweise beginnen, das Ziel netto null über die ganze Lieferkette hin zu fordern, hat das einen grossen Impact. Die SBB, bekanntlich auch ein grosser Bauherr, fordert jetzt schon, dass Offerten der Lieferanten den CO_2-Fussabdruck ausweisen müssen. Sonst werden sie nicht berücksichtigt. Zudem verlangen immer mehr Kundinnen und Kunden ein ambitioniertes Klimaziel, andernfalls wechseln sie zum Konkurrenten.

Gössi: In der Privatwirtschaft kann ich diesem Vorgehen einiges abgewinnen. In meinem Kanton gibt es einen Schokoladefabrikanten, der Kakaobohnen aus der ganzen Welt einkauft. Er lehrt die Bauern, nachhaltig anzubauen, und achtet auch auf die Gesundheitsvorsorge der Arbeiterinnen und Arbeiter. Er leistet dadurch nicht nur unmittelbar einen grossen Beitrag in wirtschaftlich stagnierenden Ländern, sondern sichert dadurch auch das Einkommen ganzer Bauernstämme.

Wir haben viel über die Politik und die Wirtschaft gesprochen. Sie, Frau Gössi, vertreten eine Partei, die sich die Eigenverantwortung auf die Fahne schreibt. Was tun Sie im Klimabereich, um die Eigenverantwortung zu fördern?

Gössi: Es ist halt schon so, dass den Menschen das Portemonnaie am nächsten ist. Deshalb braucht es eben Lenkungsabgaben und richtig gesetzte Anreize. Der blosse Appell an die Eigenverantwortung genügt offensichtlich nicht. Erst recht nicht in einer Zeit, in der wir eine hohe Inflation haben, die Energiepreise und die Krankenkassenprämien steigen und die Nebenkostenabrechnungen wehtun. Das ist ein Spannungsfeld, das die Politik nicht einfach lösen kann. Aber ich stehe nach wie vor dafür ein, dass die Politik nicht etwas subventionieren soll, was sich im Nachhinein als falscher Weg herausstellen könnte. Trotz allem will ich den Glauben an die Eigenverantwortung nicht verlieren. Dazu braucht es gute Geschichten, ein Storytelling, das die Leute verstehen und nachvollziehen können. Viele wären bereit, sich zu bewegen, wenn sie die wahre Geschichte hörten.

Erzählen die Grünen die wahre Geschichte?

Gössi: Auf jeden Fall hilft Alarmismus nicht. Nicht nur Liberale verwerfen die Hände, wenn sie die Geschichten der Grünen hören. Wahre Geschichten setzen voraus, dass man ohne Populismus aufklärt. Alarmismus hat für mich trotz der Dringlichkeit viel mit Populismus zu tun. Die Welt geht nicht unter. Auch wenn das Leben für viele schwieriger werden kann.

«Langsamkeit erachte ich nicht als Problem. Problematisch finde ich vielmehr, dass nicht alle die Fähigkeit haben, in langfristigen Horizonten zu denken.» (Gössi)

Knutti: Allein mit Eigenverantwortung hat man die komplexen Gesellschaftsprobleme in der Vergangenheit noch nie gelöst. Die Abfallbewirtschaftung, die Lösung des Ozonlochs, die Asbest-Problematik, die Pestizide: All diese Probleme wurden vor allem aufgrund eines politischen Rahmens gelöst oder zumindest abgeschwächt. Anders geht es nicht. Der politische Rahmen kann technologieoffen oder ganz liberal sein, aber es braucht ihn. Weil

der Mensch dumm, faul, egoistisch und kurzsichtig ist. Auch wenn mir bewusst ist, dass ich mir mit solchen Aussagen nicht viele Freunde schaffe. Neben der Politik wäre es meines Erachtens sehr wichtig, dass die Wirtschaft nicht nur handelt, sondern deren Vertreterinnen und Vertreter auch viel öfter hinstehen und laut und deutlich benennen, dass es nur zum Vorteil der Schweiz ist, wenn man beim Klimawandel vorwärtsmacht.

Gössi: Da sprichst du einen sehr wichtigen Punkt an. Das ist bei unserer Partei ein Dauerthema. Wir stellen immer wieder fest, dass die Wirtschaftsvertreterinnen und -vertreter in ihrer Kommunikation viel zu zurückhaltend sind. Wir finden selten jemanden, der in der Öffentlichkeit hinsteht. Dabei hören wir gerade auch aus der Wirtschaft, dass der Politik das wirtschaftliche Wissen fehle und die Unternehmensvertreterinnen und -vertreter besser verstünden, was machbar sei und was nicht. Dennoch scheuen sich viele Leute aus der Wirtschaft hinzustehen, weil sie Angst haben, bei klaren Meinungsäusserungen mit einer politischen Partei in Verbindung gebracht zu werden. Sie fürchten sich, sich bei einer grundsätzlich politischen Fragestellung klar zu positionieren.

Knutti: Die Angst, bei klimafreundlichen Positionen in eine politisch linke Ecke gestellt zu werden, ist offensichtlich. Wenn die Wirtschaftsvertreterinnen und -vertreter sich indifferent äussern, dann verärgern sie niemanden. Es braucht Mut, und es ist nicht angenehm, angegriffen zu werden. Das sage ich aus Erfahrung. Aber wenn das Unternehmertum den Standortvorteil bei einer fortschrittlichen Klimapolitik herausstreichen würde, wäre das ein ganz starkes Signal.

Petra Gössi (1976) ist nicht nur Politikerin, sondern auch ein Naturmensch aus Leidenschaft. Wohnhaft in Küssnacht am Rigi, ist sie regelmässig in den Schwyzer Bergen anzutreffen. An der Uni Bern hat sie Jura studiert, danach ein Nachdiplomstudium in Wirtschaftskriminalität, und sie ist gerade daran, ihren Executive MBA an der Uni St. Gallen abzuschliessen. Als Inhaberin der Gössi Consulting AG ist sie in der Strategieberatung tätig. Seit 2011 ist Gössi Nationalrätin der FDP.Die Liberalen. Von 2016 bis 2021 war sie Parteipräsidentin und hat 2019 versucht, in ihrer Partei einen politischen Klimawandel durchzusetzen.

Reto Knutti (1973) gilt als einer der weltweit führenden Klimaforscher. Der Professor für Klimaphysik an der ETH Zürich war einer der Hauptautoren von zwei grossen Berichten des UNO-Weltklimarats. Er ist einer der wenigen Wissenschaftler, der sich regelmässig auch in den Medien und der Politik zu Wort meldet und dementsprechend für seine sachlichen, aber ebenso eindringlich vorgebrachten Forderungen nach der Umsetzung des Pariser Klimaabkommens angegriffen wird. Er erachtet es für nötig, mit seinen Expertisen zu informieren. Der Forscher ist in Gstaad und in der Nähe von Bern aufgewachsen und bewegt sich in der Freizeit oft in den heimischen Bergen.

Michael Hengartner und Matthias Aebischer (Bilder: Caroline Minjolle)

Michael Hengartner ist als ETH-Ratspräsident von Amts wegen ein Bildungsexperte. SP-Nationalrat Matthias Aebischer hat sich als Politiker unter anderem dem Bildungswesen verschrieben. Beide wissen sie aber auch aus privaten Gründen, wovon sie sprechen, sind sie doch Vater von sechs bzw. vier Kindern. Am 2. April 2022 haben sie sich in Zürich zum Gespräch über die verfehlte Bologna-Reform, frühkindliche Förderung und die Probleme mit «Horizon Europe» getroffen. Und waren sich in vielen Punkten überraschend einig.

«Es ist an der Zeit, ernsthaft über Bildungsgutscheine nachzudenken»

*Immer wieder ist zu hören, dass die Bildung auf die Wirtschaft ausge-
richtet ist und nicht primär auf das Leben. Freiheit, Demokratie und
eine soziale Wirtschaft seien keine wesentlichen Begriffe im Bildungswesen, sondern es werde in der sogenannten Marktwirtschaft zu
monetär gedacht. Was meinen der ehemalige Rektor der Uni Zürich
und heutige ETH-Ratspräsident und der Bildungspolitiker Matthias
Aebischer dazu?*

Michael Hengartner: Dieser Aussage, sie kann noch so oft gemacht werden, kann ich allein schon historisch widersprechen: Die Tertiärbildung
an der Universität Zürich ist 1833 in Neudeutsch durch einen Corporate
Merger zustande gekommen. Die bereits bestehenden Höheren Schulen
für Theologie, Jurisprudenz und Medizin wurden mit einer neu gegründeten Philosophischen Fakultät zusammengefasst. Die Uni Zürich war
damit die erste Uni Europas, die von einem demokratischen Staatswesen
gegründet wurde und nicht durch die Kirche oder den Adel. Die Uni ist
also seit je ein Mischwesen zwischen Berufsvorbereitung und Schulung
von kritischem Denken. Wenn das heute angezweifelt wird, dann wegen
der Bologna-Reform bzw. wegen der sehr bürokratisch umgesetzten
Reform. Ich bedaure sehr, dass die Legi quasi als Cumulus-Karte verstanden wird. Zu oft geht es nur noch um das Sammeln von Kreditpunkten,
anstatt dass man sich kritisch mit dem Inhalt und den Zusammenhängen
auseinandersetzt. Das ist frustrierend.

Matthias Aebischer: Für den Tertiärsektor stimmt das leider. Ich habe an
der Universität Fribourg lange Medien und Kommunikation unterrich-
tet. Vor Bologna waren die Studierenden am Inhalt interessiert und
besuchten die Vorlesungen. Nach der Einführung von «Bologna» wurde
nur noch gefragt, wie einfach ist es in welchem Fall wie schnell wie viele
Punkte zu sammeln. Ich musste mein Unterrichtssystem ändern, damit
die Studierenden noch in die Vorlesungen kamen. So habe ich in den

Prüfungen bewusst Fragen gestellt, die sie nur bei einem Unterrichtsbesuch beantworten konnten.

Verändert dieses Verhalten die Agilität für den späteren Arbeitsmarkt?

Hengartner: Zugegeben, wir vertreten in erster Linie die Dozentensicht. Uns sind halt die Studierenden lieber, die intrinsisch motiviert sind. Die Effizienzoptimierung hat ja sicher auch seine Vorteile, zum Beispiel wenn es darum geht, nach einer Familiengründung möglichst alles unter einen Hut zu bringen. Dennoch ist es systemisch gesehen ein Fakt, dass die heutigen Studierenden im Durchschnitt weniger gut sind als früher. Aber auch diese Tatsache hat nichts mit der Ausrichtung auf den Arbeitsmarkt zu tun. Sondern einzig damit, dass die heutige Maturaquote höher ist als anno dazumal. Wobei wir in der Schweiz immer noch sehr privilegiert sind. Nehmen wir als Kontrast die sehr hohe Maturaquote in Frankreich: Dozierende an der Uni Sorbonne, die einen hervorragenden Ruf geniesst, fragen sich ständig, wie sie ihre aufgrund der hohen Maturaquote sehr grossen und heterogenen Klassen so unterrichten können, dass sie nicht die eine Hälfte verlieren und die andere Hälfte langweilen. Im Gegensatz zu Frankreich darf man sich in der Schweiz mit der tiefen Maturaquote schon die Frage stellen, ob wir wirklich die Fähigsten an den Hochschulen haben oder nicht eher die Privilegiertesten.

Aebischer: Wobei wir mit dem Lehrplan 21 jetzt doch die Weichen richtiggestellt haben. Mir war es immer ein Rätsel, warum man zu meinen Schulzeiten einfach rechnen und lesen musste, um im Zeugnis lauter Sechser zu bekommen. Es ging einzig und allein um die Ausbildung, nicht um die Bildung. Jetzt hat man sich endlich auf das humanistische Fundament zurückbesonnen, das zwar immer in den Schulzimmern herumgeisterte, das aber im Lehrplan nie abgebildet wurde. Drastisch gesagt: Früher hat man Rousseau gelesen, aber nicht gelebt. Gemäss Lehrplan 21 werden die Kinder jetzt sehr viel breiter gebildet. Aber im Gymnasium und im Tertiärsektor wird es dann wieder enger. Darüber bin ich enttäuscht.

Gerade auch von Lehrmeisterinnen und -meistern wird häufig beklagt, dass die Grundkompetenzen wie Rechnen und Schreiben nicht mehr beherrscht werden.

Hengartner: Braucht es die perfekte Rechtschreibung, wenn die Software Flüchtigkeitsfehler automatisch korrigiert? Muss man komplexe Multiplikationen beherrschen, nachdem das Handy diese Aufgabe innert Sekunden übernimmt? Die Bedürfnisse der Gesellschaft verändern sich. Gefragt ist heute Unterstützung bei der Selbstkontrolle, bei der Bildung des Gemeinschaftssinns, bei der Teamfähigkeit, bei der Überzeugung, dass man an einer Sache dranbleiben muss. Für diese Kompetenzen braucht es mehr als nur Fachwissen.

Aebischer: Kürzlich habe ich festgestellt, dass einer meiner Kollegen ein Analphabet ist. Die gibt es wohl auch im eidgenössischen Parlament, zumindest funktionale Analphabeten. Aber eben, ausdrücken kann man sich auch dann, wenn man keine zehn Zeilen mehr fehlerfrei schreibt, wenn man alles diktiert oder nur noch auf Mundart kurze Sprachnachrichten ins Handy tippt. Nicht, dass mir das persönlich gefiele! Ich war ein sehr schlechter Schüler, auch in den Sprachen. Heute spreche ich im Parlament drei der vier Landessprachen, und ich habe während meiner Zeit bei der *Tagesschau* im Schweizer Fernsehen gelernt, jedes Wort auf die Goldwaage zu legen. Das wird heute einfach nicht mehr vorausgesetzt. Ich habe vier Kinder über 20 Jahre verteilt. Die schulpflichtige Tochter, die nächstes Jahr ins Gymnasium will, taucht mit ihrem neuen Französischbuch in ein Sprachenbad ein und muss nicht mehr auf die Rechtschreibung achten. Dagegen wehre ich mich. Ich habe ihr die Konjugationsregeln erklärt. Mit dem Erfolg, dass sie nun mit Verve französische Verben konjugiert. Denn im Gymnasium ist genau das dann wieder angesagt.

Hengartner: Ich gestehe hier, dass meine Frau und ich uns insgeheim überlegen, nach unserer Pensionierung eine «neue alte Schule» zu gründen, in der nicht nur modernste Didaktik, sondern auch bewährte ältere Konzepte Platz haben. Ich bin also durchaus auch etwas nostalgisch, was gewisse Grundkompetenzen betrifft.

Sie beide können Ihren Kindern die heute vernachlässigten Grundkompetenzen wie die Rechtschreibung in den verschiedenen Sprachen vermitteln. Das können lange nicht alle Erziehungsberechtigten. Wie erhalten wir eine grössere Chancengerechtigkeit?

«Ich bin etwas nostalgisch, was gewisse Grundkompetenzen betrifft.» (Hengartner)

Hengartner: Zum einen, indem wir der Gesellschaft endlich beibringen, dass man für einen guten Job nicht unbedingt eine akademische Ausbildung braucht. Aber vor

allem durch eine frühkindliche Bildung. Allen drei- bis vierjährigen Kindern, die in der Schweiz wohnen, sollte man mindestens anbieten, dass sie die lokale Sprache erlernen. Früh anfangen und allen etwas mitgeben, das ist unabdingbar.

Aebischer: Als Patronatsmitglied der Ready!-Kampagne zur frühen Kindheit der Jacobs Foundation freut mich dieses Statement natürlich ganz besonders. Chancengerechtigkeit fängt ganz zuunterst an. Hier ist die Schweiz trotz des weltweit besten Bildungssystems einfach rückständig.

Weil diese frühkindliche Förderung in die Zuständigkeit der Gemeinden und der Kantone fällt.

Aebischer: Genau. Jeder Kanton finanziert anders. In Zürich beispielsweise läuft die Finanzierung der Kindertagesstätten über die Gemeinden, andere Kantone haben gar nichts. Es ist ein einziger grosser Flickenteppich. Aber jetzt haben sich die Kantone gefunden. Der Nationalrat will in Zusammenarbeit mit den kantonalen Erziehungsdirektorinnen, den kantonalen Sozialdirektoren und dem Arbeitgeberverband ein flächendeckendes, einheitliches System einführen.

Eine weitere grosse Staatsausgabe.

«Dass das Bildungssystem
föderalistisch geregelt ist,
ist ein grosser Nachteil.»
(Hengartner)

Hengartner: Es gibt langfristig keine bessere Investition als die Bildung. Jeder in die Bildung investierte Franken zahlt sich längerfristig um das Zehnfache aus. Dass das Bildungssystem föderalistisch geregelt ist, ist ein grosser Nachteil.

Aebischer: Dagegen muss ich mich als Politiker wehren! Der Föderalismus hat durchaus auch seine Vorteile. Wenn die Gemeinden und die Kantone für die Schulen verantwortlich sind, dann sind sie nahe beim Volk, bei den Schülerinnen und Schülern, den Eltern. Das ist sehr viel wert. Die Schule ist dann eben nicht «von oben» gesteuert, wie zum Beispiel in Frankreich. Wobei der Föderalismus zugegebenermassen auch seine Grenzen hat. «Das ist Sache der Kantone», kann ich manchmal nicht mehr hören. Beispielsweise damals, als der Kanton Thurgau das Erlernen der zweiten Landessprache in der obligatorischen Schule abschaffen wollte. Da hat es mir die Sprache verschlagen. Französisch als zweite Landessprache in den Deutschschweizer Schulen ist für mich ein Muss. Ich bin froh, dass es dann nicht so weit gekommen ist. Aber klar, bei der frühkindlichen Förderung stellt der Föderalismus eine grosse Hürde dar.

Die frühkindliche Förderung ab dem dritten Altersjahr würde geschätzt eine Milliarde Franken kosten.

Aebischer: Die Kostenfrage war auch ein Thema, bevor man den Kindergarten obligatorisch gemacht hat. Heute ist er breitestens akzeptiert. Die Expats sagen immer, dass diese fehlende Betreuung und Förderung in der Schweiz eine Katastrophe sei. Item, das System funktioniert, wenn auch nicht gut. Und dort, wo es nicht funktioniert, sieht man es erst, wenn es zu spät ist. Nämlich dann, wenn die Nichtgeförderten Jahrzehnte später in der Sozialhilfe landen. Das kostet den Staat dann weit mehr als eine Milliarde.

Mit der frühkindlichen Förderung wäre die Chancengerechtigkeit gewährleistet?

Aebischer: Natürlich nicht. Aber die flächendeckende Betreuung und frühkindliche Förderung wären ein wichtiger Schritt dazu. Ganz im Gegensatz zum Beispiel zu den Langzeitgymnasien. Es ist meiner Ansicht nach ein Systemfehler, dass man bereits in der sechsten Volksschulklasse

172

die Spreu vom Weizen trennt und damit sagt: Du bist schlecht, du mittelmässig und du sehr gut. Diese Selektion sollte, wenn überhaupt, viel später erfolgen. Die Entwicklung des Kindes wird völlig ausser Acht gelassen. Ein solches Schulsystem ist der Nährboden für ein Fehlverhalten der Erziehungsberechtigten, die ihre Kinder mit viel Druck und Geld ins Langzeitgymnasium prügeln wollen. Wer es nicht schafft, hat den Looser-Stempel. Mit Chancengerechtigkeit hat das nichts zu tun.

«Es ist ein Systemfehler, dass man nach der sechsten Volksschulklasse die Spreu vom Weizen trennt.» (Aebischer)

Hengartner: Studien zeigen immer wieder, dass Studierende aus Langzeitgymnasien die besseren Voraussetzungen für ein erfolgreiches Studium mitbringen. Das hat aber nicht in erster Linie mit den Gymnasien zu tun, sondern damit, wer es überhaupt dorthin schafft. Wir sollten uns hüten, den Output rein nach der schulischen Typenwahl zu interpretieren. Entscheidend ist, wer überhaupt ins System kommt. Und noch entscheidender ist die Stufe darunter, dass man nämlich auf genügend geeignete und engagierte Lehrpersonen während des Schulobligatoriums zählen kann. Man sollte den Lehrberuf unbedingt aufwerten. Es braucht mehr Wertschätzung diesem Beruf gegenüber, und zwar auch finanziell.

Was auch wieder Milliarden kostet.

Hengartner: Tatsache ist, dass die Wirtschaft immer abhängiger wird von kompetenten Arbeitskräften. Bisher haben wir sie importiert. Früher oder später wird diese Quelle versiegen, und dann sind wir auf uns allein gestellt. Also sollten wir heute agieren, nicht erst dann, wenn es zu spät ist. Diese Kompetenzaneignung geht auch nicht von heute auf morgen, ohne langen Vorlauf geht es nicht. Also müssen wir jetzt handeln und nicht warten, bis der Schmerz da ist. Die Tertiärbildung wird immer wichtiger, die Ausbildung wird immer anspruchsvoller, weil auch die Wirtschaft bzw. die Jobs immer anspruchsvoller werden.

Aebischer: Die Schweiz hat das beste Bildungssystem, davon bin ich trotz unserer Mängel überzeugt. Aber wir können und müssen noch besser werden. Den frühkindlichen Bereich haben wir erwähnt, aber auch im Tertiärbereich besteht Handlungsbedarf. Die Studienausbildung ist gut. Aber der Mittelbau, also die Stufe zwischen Studium und Professur, ist mangelhaft organisiert.

Hengartner: So pauschal kann ich das nicht unterschreiben. Man darf den Mittelbau nicht über einen Leisten schlagen, denn er besteht aus zwei unterschiedlichen Subgruppen. Zum einen gibt es die Menschen, die unbefristet an der Hochschule angestellt sind und einen unersetzlichen Beitrag zu Lehre, Forschung und Wissenstransfer leisten. Zum anderen haben wir die Doktorierenden und die Postdocs. Sie sind nur temporär an der Hochschule angebunden, um eine akademische Qualifikation zu erhalten, und die allermeisten von ihnen werden später ausserhalb der Akademie einer Tätigkeit nachgehen. Ob es nun zu viele Doktorierende gibt, darüber kann man geteilter Meinung sein. Wichtige Repräsentanten aus der Wirtschaft oder Swissmem, der Verband der Tech-Industrie, sind der Meinung, es gebe zu wenig davon, zumindest im MINT-Bereich.

Swissmem und die Wirtschaftsführer beklagen sich nicht nur darüber, dass sie zu wenige bekommen, sondern dass diese auch zu wenig können.

Hengartner: Ehrlich gesagt bin ich überzeugt, dass diese Klagen auf hohem Niveau schon immer zu hören waren. Zudem sehen Wirtschaftsführer oft das Defizit bei Skills, die sie selbst gelernt haben, die heute aber nicht mehr so gefragt sind. Den reinen Arbeitsmarkt gibt es nicht, genauso wenig wie es «die Wirtschaft» gibt. Die einzelnen Firmen haben eigene Bedürfnisse, die nicht nur branchenspezifisch unterschiedlich sind. Im Gespräch mit der Wirtschaft greife ich gerne nach dem Bild des Rucksacks, der mit Werkzeugen gefüllt ist. Die Werkzeuge werden je nach Ausrichtung und Branche unterschiedlich oft gebraucht. Entscheidend ist, dass sie im Rucksack drin sind. In jeden Rucksack, so höre ich, gehört Teamfähigkeit sowie kritisches und analytisches Denken.

Aebischer: Das Bild mit dem Rucksack gefällt mir sehr. Als ich vor 40 Jahren aus der Schule kam, war ich überzeugt, den Beruf zu erlernen, den ich bis zur Pensionierung ausüben werde. Das hat grundlegend geändert. Heute ist es nicht nur gang und gäbe, dass man die Stelle oft wechselt, sondern auch die Berufsrichtung. Glücklicherweise ist unser Schulsystem mit seiner grossen Durchlässigkeit gut darauf vorbereitet. Die Weiterbildung geniesst einen immer höheren Stellenwert. Wenn sich Direktorinnen und Wirtschaftskapitäne beklagen, dann sage ich ihnen ganz einfach: «Schick deine Arbeitnehmenden doch in einen Kurs.»

*Nach wie vor ist es aber so, dass die Ausbildung Sache des Staats ist,
die Weiterbildung hingegen privat finanziert werden muss.*

Aebischer: Ganz so ist es heute nicht mehr. Seit 2018 werden Kurse, die
auf eine eidgenössische Prüfung vorbereiten, finanziell unterstützt. Früher war es tatsächlich so, dass sich Arbeitgeber und Arbeitnehmer die
Kosten für die Ausbildung zur Meisterprüfung in etwa teilten. Heute
beteiligt sich auch der Bund. Wir arbeiten im Parlament daran, dass dieser Anteil in der nächsten Botschaft zur Förderung von Bildung, Forschung und Innovation erhöht wird.

Hengartner: Was ja grundsätzlich seine Berechtigung hat. Warum soll
der Bund die Ausbildung zur Ärztin übernehmen, die zum Meisterbäcker
aber nicht? Es wäre vielleicht an der Zeit, dass wir ernsthaft über Bildungsgutscheine nachdenken, indem jeder und jede einen noch festzu-

setzenden Betrag aus einem Weiterbildungstopf beziehen kann. Das gibt jedem an der beruflichen Weiterentwicklung Interessierten die Möglichkeit, seine Fähigkeiten entsprechend seinem Potenzial auszuschöpfen.

Was auch wieder zu erheblichen Mehrkosten führt. Nehmen wir an, von den rund fünf Millionen Erwerbstätigen erhält jeder 100 Franken pro Jahr. Dann sind wir schon wieder bei 500 Millionen.

Aebischer: Dann soll die Finanzierung weiterhin Sache der Berghilfe sein? Sie handelt nämlich nach diesem Prinzip der Bildungsgutscheine und beteiligt sich kostenmässig an der Weiterbildung im digitalen Bereich für Personen aus einer Bergregion. Entscheidender als die Frage, wer bezahlt, ist das Problem zu lösen, wie man die, die eine Weiterbildung nötig hätten, dazu bringt, den Bildungsgutschein auch zu beanspruchen. Erfahrungsgemäss ist es leider so, dass genau die rund 20 Prozent, die die Weiterbildung am nötigsten hätten, sie nicht beanspruchen. Mit dem Risiko, längerfristig den Anschluss zu verlieren und in die Sozialhilfe abzurutschen.

Hengartner: Eine gewisse Umverteilung ist unumgänglich. Gerade wenn es um die Bildung geht, sollte die ältere Generation zugunsten der erwerbstätigen jungen Generation in deren Zukunft und damit auch in die Volkswirtschaft investieren.

Aebischer: Ich bin froh, dass du das als nicht gerade sozial-demokratisch denkender ETH-Ratspräsident sagst. Denn es ist schlicht falsch, diese Sicht den politisch Linken zuzuordnen. Eigentlich geht es doch um Wirtschafts- und Sozialpolitik. Die Bildung schlägt in jedem Bereich, in jeder Lebenslage durch. Auch die Bürgerlichen müssten deshalb einsehen, dass sich jeder in die Bildung inves-tierte Franken mehrfach ausbezahlt, indem wir mehr Fachkräfte bekämen und weniger Ausgesteuerte. Wenn wir uns wegen der Pandemie 46 Milliarden für die Wirt-schaft leisten konnten, dann soll beileibe niemand mehr verlangen, dass wir in der Bildung nicht mehr investieren, geschweige denn sparen sollten.

«Wenn wir uns wegen der Pandemie 46 Milliarden für die Wirtschaft leisten konnten, dann soll beileibe niemand mehr verlangen, dass wir in der Bildung nicht mehr investieren, geschweige denn sparen sollten.» (Aebischer)

Wer hat die bessere Lobby: das duale Bildungssystem oder die Hochschulen?

Aebischer: Ich kann guten Gewissens sagen, dass wir mittlerweile alle am gleichen Strick ziehen. Vor rund einem Jahrzehnt war das noch anders. Da haben die Universitäten und Fachhochschulen, also der Tertiär-A-Sektor, sehr erfolgreich für sich lobbyiert. Heute sitzen wir alle am gleichen Tisch und arbeiten nicht mehr gegeneinander, sondern mitei-nander. Die Berufsbildung, die Weiterbildung, die Eidgenössischen Technische Hochschulen, die Universitäten, die Fachhochschulen, alle sitzen wir am selben Tisch. Jeder schätzt jeden und kennt die Einmalig-keit des anderen. Genau das ist die Stärke des dualen Bildungssystems.

Da beschönigen Sie die Situation doch etwas. Die höheren Fachschulen kämpfen um Anerkennung, nicht zuletzt, weil das Wachstum bei den Fachhochschulen enorm ist.

Aebischer: Was hauptsächlich darauf zurückzuführen ist, dass die Titel der Fachhochschulen international anerkannt sind, während die höheren Fachschulen einen Teil der Tertiärausbildung darstellen und ohne international anerkannten Titel auskommen müssen. Im Ausland kann man mit den Titeln der höheren Fachschulen nicht viel anfangen. Wir sind daran, das mit dem «Professional Bachelor» und «Professional Mas-ter» zu ändern. Deutschland hat das bereits vor drei Jahren getan. Auch wenn sich die Fachhochschulen noch etwas wehren, weil sie eine Abwan-derung zu den höheren Fachschulen befürchten. Diese Angst hatten auch die Universitäten, als die Fachhochschulen plötzlich den Bachelor oder den Master verteilen durften. Die Angst war auch in diesem Fall unberechtigt.

Dennoch: Der Drang in den Tertiär-A-Sektor ist konstant.

Hengartner: Was nichts mit erfolgreichem Lobbying zu tun hat, sondern mit unserer hohen Migrationsquote. Die Eltern ohne akademischen Hintergrund wollen erstens ihren Kindern ermöglichen, was sie nicht hatten. Zweitens ist aufgrund der hohen Maturaquote vor allem unserer Nachbarstaaten der Mythos immer noch ungebrochen, dass man nur mit einer Tertiär-A-Ausbildung eine wirkliche Karriere machen kann. Meine grösste Befürchtung ist aber bei unserem an sich hervorragenden durchlässigen Bildungssystem, dass wir die verschiedenen Berufswege verwässern. Die verschiedenen Typen sollten, um bei meinem Rucksack-Beispiel zu bleiben, verschiedene Werkzeugkästen mitgeben. Wenn aber beispielsweise immer mehr Dozierende an Fachhochschulen lehren, die eigentlich eine Uni-Professur angestrebt haben, dann fehlt ihnen der bei Fachhochschulen so wichtige Praxisbezug.

Herr Aebischer, das Parlament verlangt neuerdings, dass auch mehr in die politische Bildung investiert werden sollte. Ist das wirklich nötig?

Aebischer: Ich empfange oft Besucherinnen und Besucher im Bundeshaus. Ein Viertel davon hat einen Migrationshintergrund. Ich erkläre ihnen immer gerne unser demokratisches Staatssystem. Noch wichtiger fände ich, dass man das schon im Volksschulalter vermittelt und den Kindern die Vorteile der Partizipation in unserem demokratischen System erklärt. Immerhin ist das mit dem Lehrplan 21 garantiert. Für die Schülerinnen und Schüler gibt es einen Klassenrat, sie können bei der Gestaltung des Pausenplatzes mitreden und so demokratische Prozesse erlernen. Ich begrüsse das sehr.

«Wenn man auf die Strasse geht für Fridays for Future, sollte man über das Demonstrationsrecht Bescheid wissen.»
(Hengartner)

Hengartner: Sehr einverstanden. Man sollte die Partizipation aber nicht nur üben, sondern auch ihre Regeln und Grenzen kennen. Wenn man auf die Strasse geht für Fridays for Future, sollte man über das Demonstrationsrecht Bescheid wissen.

178

Besteht nicht die Gefahr, dass unter dem Deckmantel der politischen Korrektheit die Meinung zu stark an die Moral gebunden und die Gesellschaft zum Opfer eines politisch motivierten «Tugendterrors» wird?

Hengartner: Selbstverständlich muss man, gerade an einer Universität, die eigene Meinung äussern können, ohne geächtet zu werden. Das gehört geradezu zur DNA einer Uni. Jede nicht gegen Gesetze verstossende Meinung ist zuzulassen, aber ebenso, dass diese herausgefordert wird.

Die Entwicklungen beispielsweise in den USA zeigt doch, dass die offene Diskussion freier Individuen durch Zensur und Einschüchterung ersetzt worden ist. Wer widerspricht, wird nicht widerlegt, sondern zum Schweigen gebracht.

Hengartner: Zugegebenermassen schwingt das Pendel momentan zu sehr in die eine Richtung. Das wird sich korrigieren, diese Prognose wage ich, trotz Mark Twains Weisheit, dass Prognosen schwierig sind, vor allem, wenn sie die Zukunft betreffen. Wir sollten die USA nicht mit der Schweiz vergleichen. Die Geschichte zeigt, dass in der Schweiz soziale Tendenzen erstens später und zweitens in abgeschwächter Form festzustellen sind.

Aebischer: Kürzlich sagte ich zu meiner 23-jährigen Tochter in meinem Berndeutsch: «Das fägt wie'n ä Moore.» Da wies sie mich zurecht, das könne bei People of Colour total falsch verstanden werden, auch wenn «ä Moore» in Berndeutsch eine Sau bedeutet. Ich habe innerlich gestöhnt. Auch mir geht die politische Korrektheit momentan zu weit. Zum Beispiel, wenn Fridays for Future der weissen Musikerin Ronja Maltzahn vorwirft, das Tragen von Dreadlocks sei eine unbotmässige kulturelle Aneignung, und sie deshalb auslädt. Meine Töchter nehmen auch an Fridays-for-Future-Demonstrationen teil, und ich bin überzeugt, dass sie mündig genug sind, um das richtige Mass nicht aus den Augen zu verlieren. Wir, die uns diesen Umgang nicht so gewohnt sind, sollten auch den kulturellen Fortschritt dieser gesellschaftlichen Entwicklung beachten. Es gibt nun mal Begriffe oder Bilder, die nicht mehr verwendet werden sollten, weil sie bestimmte Gruppen verletzen oder schlichtweg falsch sind. Denken wir nur an die rassistischen Stereotype in Tim und Struppi oder Pippi Langstrumpf.

Wir verlieren uns in solchen «Details», während wir riskieren, den internationalen Anschluss zu verlieren. Aufgrund des gescheiterten Rahmenabkommens zwischen der EU und der Schweiz werden wir vom EU-Forschungsrahmenprogramm «Horizon Europe» nur noch teilweise zugelassen. Die Führung bei diesen Kooperationsprojekten können wir nicht mehr übernehmen.

Aebischer: Für den Wissenschaftsstandort Schweiz ist das eine Katastrophe. Ich mag mich erinnern, dass unsere beiden Eidgenössischen Technischen Hochschulen vor ein paar Jahren bei zwei europäischen Flagschiffprojekten im Lead und bei weiteren vier auch mit dabei waren. Für alle im Parlament ist klar, dass wir alles tun müssen, um diese Excellence nicht zu verlieren. Wenn die Hochschulen dem Parlament einen gut begründeten Plan vorlegen, werden wir diesen unterstützen, wo wir können.

Hengartner: Ich will die negativen Aspekte von diesem nur noch beschränkten Zugang zu «Horizon Europe» wahrlich nicht schönreden. Aber die Attraktivität eines Hochschulstandorts hängt von mehreren Faktoren ab. Ein gewichtiger Trumpf ist uns weggebrochen, also müssen wir unsere anderen Trümpfe wie solide Grundfinanzierung, gute Bildung, Sicherheit, Stabilität, intaktes Naherholungsgebiet ausspielen und weitere Förderinstrumente vorschlagen. Es gibt aber auch andere Möglichkeiten. Von den begehrten ERC Grants sind unsere Forschenden vollständig ausgeschlossen. Wenn wir nun aber beispielsweise einen Grant für drei Mitarbeitende geben anstatt nur für einen, ist dieser Incentive nicht zu unterschätzen, man kann dann nämlich mehr publizieren. Auf internationaler Ebene können wir uns bilaterale Abkommen mit anderen Ländern vorstellen. Deshalb verlieren auch die EU-Länder, wenn Grossbritannien wegen des Brexits oder die Schweiz ausgeschlossen werden. Ich bin deshalb nicht so pessimistisch und glaube, die EU wird dieses Druckmittel nicht so lange aufrechterhalten. Wenn wir ihnen zeigen, dass wir uns sonst zu helfen wissen, werden sie eher wieder auf uns zukommen.

Matthias Aebischer fordert die Hochschulen auf, einen Plan vorzulegen, den die Bundespolitik für unterstützungswürdig erachtet. Als ETH-Ratspräsident vertreten Sie eine Institution der Wissenschaft, haben es aber sehr oft mit der Politik zu tun. Der eher mühsamere Teil Ihrer Arbeit?

Hengartner: Nein. Nicht mühsamer, einfach anders. In der akademischen Welt argumentieren wir mit Fakten, und das bessere Argument gewinnt. In der Politik, in der Demokratie ist es nicht das bessere Argument, das oben ausschwingt, sondern es sind die gemeinsamen Interessen und der mehrheitsfähige Vorschlag. Ich greife noch einmal zu meinem bildlichen Beispiel des gefüllten Rucksacks: Aus diesem nehme ich eine andere Werkzeugkiste hervor, wenn ich mit der Politik und nicht mit der Wissenschaft diskutiere.

Der Berner Matthias Aebischer (1967) hat in seinem Leben schon mehrmals den Beruf gewechselt. Ursprünglich Lehrer, wechselte er nach zwei Jahren Primarschultätigkeit in den Journalismus, zunächst in den Lokaljournalismus, danach zum Schweizer Radio und Fernsehen. Auch in der Politik war er ein Quereinsteiger, wurde er 2011 doch ohne vorgängige Ochsentour direkt für die Berner SP in den Nationalrat gewählt. Matthias Aebischer präsidiert eine stattliche Anzahl von Vereinen und Stiftungen, darunter Pro Velo Schweiz, den Verband für Weiterbildung und den Verein Cinésuisse.

Michael Hengartner (1966) ist gebürtiger St. Galler, aber im französischsprachigen Québec in Kanada aufgewachsen, wo sein Vater als Mathematikprofessor an der Uni lehrte. Michael Hengartner promovierte beim Medizinnobelpreisträger H. Robert Horvitz in Cambridge (USA), leitete danach eine Forschungsgruppe in New York und folgte 2001 der Berufung an die Universität Zürich. Er war Dekan der Mathematisch-naturwissenschaftlichen Fakultät und später Rektor der Uni, bis er im Februar 2020 Präsident des ETH-Rats wurde. Michael Hengartner war ein passionierter Forscher und Dozent, der mehrmals ausgezeichnet wurde.

Tiana Angelina Moser und Andri Silberschmidt

Es gibt nicht wenige Stimmen, die der Auffassung sind, die GLP hätte es nicht gebraucht, hätte der Freisinn seine Hausaufgaben richtig gemacht. Vor allem natürlich in Bezug auf die ökologischen Fragen. Dieser Meinung sind weder die Fraktionschefin der Grünliberalen, Tiana Angelina Moser, noch der Vizepräsident der FDP.Die Liberalen, Andri Silberschmidt. Beide würden nämlich mehr liberale Kräfte in der Politik durchaus begrüssen. Als sie sich am 30. Mai 2022 im Bundehaus zum Gespräch trafen, gingen die Haltungen allerdings stark auseinander, wie liberal die andere Partei wirklich sei.

«Es wäre wichtig, dass die liberalen Kräfte mehr Allianzen schmieden»

Lassen Sie uns den Spiess für einmal umdrehen und nicht die FDP bzw. die GLP fragen, wofür ihre Partei steht, sondern die FDP um eine Einschätzung bitten, wofür die GLP steht, und die GLP, wofür die FDP.

Tiana Angelina Moser: Die FDP ist eine traditionelle Partei, die klassisch für die Wirtschaftsinteressen in Reinform einsteht mit starker Prägung der sektoriellen, sprich der Brancheninteressen. Sie macht klassische Interessenvertretung. Die Partei ist bei den wirtschaftsliberalen Themen konservativ. Bei den gesellschaftsliberalen Interessen ist sie offener. Das erkennt man beispielsweise am Einstehen für die Ehe für alle. Immerhin finden sich FDP und GLP trotz des unterschiedlichen Charakters schon auch bei wirtschaftsliberalen Anliegen, zum Beispiel beim liberalen Arbeitsmarkt. Ganz anders bei den ökologischen Themen. Im Unterschied zur FDP fordern wir nicht nur grösstmögliche Freiheit für das Individuum oder die Unternehmen heute, sondern denken darüber hinaus an die Folgen für die Gesellschaft und die Umwelt, und dementsprechend denken wir über Generationen hinweg. Wir legen grossen Wert auf die Verantwortlichkeit bei den natürlichen Ressourcen. Diese Verantwortung hört nicht auf nach den Wahlen. Zum Schluss dieser persönlich gefärbten Umschreibung noch dies: Die FDP ist eigentlich immer auch eingestanden für aussenpolitische, oder sagen wir mal für aussenwirtschaftspolitische Themen. Früher fanden wir uns denn auch in der klassischen Europa-Allianz. Dort war die FDP leider in den letzten Jahren viel zu zögerlich und somit nicht mehr verlässlich, beispielsweise beim Rahmenabkommen.

Andri Silberschmidt: Die GLP kommt mir vor wie ein bunter Haufen von liberalen Menschen. Als Vertreter der Zürcher FDP beobachte ich die GLP natürlich vor allem in der Stadt und im Kanton Zürich. Ursprünglich nahm ich sie zumindest finanzpolitisch eher bürgerlich wahr; heute stelle ich eine Veränderung fest. Die GLP bewegt sich weiter weg von ihrer ursprünglichen Positionierung. Sie ist sehr staatsgläubig und

186

stimmt in den Parlamenten mehrheitlich mit den linken Parteien. Ausser dem Label «grün und liberal», das natürlich bestechend gut ist, weiss ich nicht, für welche konkreten Projekte die GLP nun einsteht. Nichtsdestotrotz: Um langfristig liberale Akzente zu setzen, müssten wir meines Erachtens gemeinsam drei bis vier liberale Themen definieren, die wir während einer Legislatur umsetzen wollen. Es ist eine Stärke der Schweiz, dass sie im Unterschied etwa zu Finnland, Österreich, aber auch Deutschland mehr liberale Vielfalt aufweist. Da die GLP im Unterschied zu uns nicht in der Regierungsverantwortung ist, hat sie den Vorteil der «grünen Wiese». Sie könnte sich ab und zu und ohne Konsequenzen exemplarisch liberal positionieren und damit die FDP herausfordern. Gerade als Liberaler, als Verfechter der marktwirtschaftlichen Prinzipien, begrüsse ich diesen Wettbewerb. Denn ich bin überzeugt: Die FDP ist die innovative, fortschrittliche Partei und im Gedankengut nicht die Partei der alten weissen Männer. Zudem wird das liberale Original langfristig erfolgreicher sein als die GLP, die immer noch eine Bewegung auf der Suche nach ihren Idealen ist. Wenn man unter «progressiv» auch mehr Etatismus meint, kann es gut sein, dass die GLP progressiver ist als die FDP. Fakt ist aber, dass die GLP links der FDP steht. Das zeigen statistische Auswertungen der Abstimmungen im Parlament: Bei drei von vier Abstimmungen stimmt die GLP mit der SP. Leider spielt das liberale Bündnis nur in zwei von drei Fällen.

Moser: Das Links-rechts-Spektrum ist eine veraltete Sichtweise auf die politische Landschaft. Umwelt-Abstimmungen werden im Links-rechts-Spektrum als links gewertet. Da wir im Gegensatz zur FDP für die Lösung der ökologischen Probleme einstehen, wirken wir in Auswertungen automatisch linker als die FDP. Ihr erzählt diese Geschichte gerne genau so, wie die SP sie gerne erzählt, dass wir ihr zu rechts sind. Weil es das Einfachste für unsere Konkurrenten ist und sie sich dadurch abgrenzen können. Mein Antrieb, Vertreterin der GLP zu sein, ist genau, dass sich die Partei nicht im klassischen Links-rechts-Schema positioniert. Diese pauschale Beurteilung ist mir als Vertreterin einer lösungsorientierten Partei zuwider. Was für uns zählt, sind Themen, die über den Alltag und über die Generationen hinweg andauern. Auch mir wäre es wichtig, Allianzen zu schmieden. Im ökologischen Spektrum ist das mit der FDP schwierig bis unmöglich, man denke nur an die Landwirtschaft. Es ist auch interessant, dass ihr uns als Bewegung bezeichnet. Das hat wohl damit zu tun, dass wir eine jüngere und progressivere Partei sind. Gerade zu Coronazeiten haben wir einmal mehr gezeigt, wie institutionell und staatstragend wir sind. Da kam mir die FDP oft eher wie eine Bewegung oder eine Protestpartei vor.

Silberschmidt: Wir sind beide liberal, setzen uns ein für einen lebenswerten Planeten, für eine lebenswerte Zukunft. Aber wenn es dann um die Umsetzung in den Details geht – und darum geht es bei der Regierungsverantwortung, in der Exekutivpolitik –, unterscheiden wir uns leider oft. Wie kann man sich liberal nennen und gegen den Ausbau der dritten Säule sein, was die Eigenverantwortung stärken würde? Wie kann man sich liberal nennen und in der BVG-Revision für sogenannte Kompensationsmassnahmen stimmen, die zulasten der kommenden Generationen selbst reiche Personen vermögender machen? Die Massnahmen kosten Milliarden, kommen aber nicht gezielt den Bedürftigen zugute. In diesen Themen stimmt ihr regelmässig mit den Gewerkschaften.

Moser: Wir haben das Gesamtinteresse im Fokus und suchen eine mehrheitsfähige Lösung, damit endlich wieder eine Reform gelingt. Über Sinn und Zweck von Kompensationsmassnahmen kann man sich tatsächlich streiten. Ohne Kompromisse bringen wir aber keine BVG-Reform durch, weder im Parlament noch vor dem Volk. Da steht für mich Lösung vor Ideologie. Bei einem Ausbau der dritten Säule muss man darauf achten, dass die Eigenverantwortung gestärkt wird. Sonst ist es bloss ein Steuergeschenk an Wohlhabende und eine Verschwendung von Steuergeldern.

Silberschmidt: Liberal sein ist kein Wunschkonzert. Der Liberalismus ist für mich eine philosophische Grundüberzeugung, die an die Schaffenskraft des Menschen und an den Fortschritt glaubt, sowie die Auffassung vertritt, nicht alles bis ins letzte Detail regulieren zu müssen. Wenn ich das Links-rechts-Schema bemühe, dann aus der Beobachtung heraus, dass das etatistische Gedankengut bei der GLP viel verbreiteter ist als bei der FDP. Bei uns steht die Freiheit im Zusammenhang mit der Eigenverantwortung im Vordergrund, während die GLP die Freiheit des Kollektivs betont. Dieser Staatsglaube lässt sich bei euch beispielsweise in der Finanzpolitik feststellen: Die Ausgaben des Bundes wären um 500 Millionen Franken höher, hätte die GLP mit ihrem Stimmverhalten in der Budgetdebatte eine Mehrheit gehabt. Dies kann nur mit mehr Steuern oder Schulden finanziert werden, was wiederum zulasten der kommenden Generation geht.

«Wenn ich das Links-rechts-Schema bemühe, dann aus der Beobachtung heraus, dass das etatistische Gedankengut bei der GLP viel verbreiteter ist als bei der FDP.» (Silberschmidt)

Moser: Wir können gerne über unser Verständnis von Liberalismus sprechen. Deine theoretische Abhandlung orientiert sich stark am Neoliberalismus. Davon grenzen wir uns klar ab. Die grossen Herausforderungen unserer Zeit wie Klimawandel oder Migration erfordern eine Rolle des Staats. Gleich lange Spiesse und fairer Wettbewerb brauchen klare Rahmenbedingungen. Diese muss der Staat sicherstellen. Sonst sind wir im Wilden Westen. Es ist ein Märchen, dass die GLP einen grossen Staatsglauben hat. Aber die Modelllösung ist selten mehrheitsfähig. Was am Schluss zählt, sind Lösungen. Dafür braucht es Kompromisse. Ich würde mir wünschen, dass wir die Weichen politisch so stellen, dass die Eigenverantwortung besser zum Zug kommt. Gerade auch in der Ökologie. Die Negativanreize müssen wir eliminieren. Auch bei der Umverteilung bin ich sehr zurückhaltend. Aber wenn man sich auf den Standpunkt stellt, der Verzicht auf eine Regulierung sei immer besser, widerspreche ich. Sonst geht es nur noch um Neoliberalismus. Den will ich nicht, für mich selber nicht und schon gar nicht für meine Kinder. Wer so denkt, stellt kurzfristige Gewinne über die langfristige Bewältigung von Herausforderungen. Ich bin, wenn immer möglich, für eine liberale Lösung. Aber es gibt nun mal Bereiche, wo es regulative Eingriffe braucht, um eine nachhaltige Entwicklung zu ermöglichen. Wenn wir die ökologischen Grenzen der Erde überschreiten, dann gefährden wir die Stabilität des Ökosystems und damit die Lebensgrundlagen der Menschheit. Zugunsten der nächsten Generation müssen wir uns anpassen, notfalls auch mit Verboten.

Das würde auch die FDP unterschreiben. Warum sind Sie bei der GLP und nicht bei der FDP?

Moser: Ich habe starke Grundwerte, und da gehört die Ökologie dazu. Das ökologische Bewusstsein ist praktisch inexistent bei der FDP. In Schaffhausen gab es mal die Ökoliberale Partei. Ich war damals noch an der ETH. Bei einem Mittagessen wurde ich mal gefragt, ob ich nicht in die Politik einsteigen wolle. Ich antwortete: Wenn es eine wirtschaftsliberale-ökologische Partei gäbe, wäre ich sofort in die Politik gegangen. Ich war dann im Ausland, und als ich zurückkam, gab es die GLP. Also trat ich ihr bei. In diesem Bereich müssen wir der FDP so viel erklären, am Schluss stimmen sie doch immer anders. Es hat für sie einfach keine Priorität. Früher gab es bei der FDP viel mehr ökologisch denkende Vertreterinnen und Vertreter. Heute kaum mehr.

Silberschmidt: Nachhaltigkeit ist seit je Teil des FDP-Gedankenguts. Wer die freisinnigen Positionspapiere – auch aus der Vergangenheit – kennt, weiss, dass liberale Umweltpolitik nicht von der GLP erfunden wurde. Es ist ein Irrtum, zu glauben, dass es vor der GLP-Gründung keine ökoliberale Partei gegeben hätte. Unser Einsatz für ein Netto-Null-CO_2-Ziel bis 2050 oder eine nachhaltige Energieversorgung belegen dies. Zur Unterstreichung der Nachhaltigkeit als Teil der freisinnigen DNA müssen wir nicht zwingend tief in die Geschichtsbücher gehen. Ein Blick auf das kürzlich abgelehnte CO_2-Gesetz zeigt: Die freisinnigen Ständeräte prägten den liberalen Teil des Gesetzes massgeblich. Am Schluss hat das Volk Nein gesagt, weil die Vorlage den einen zu weit und den anderen in die falsche Richtung gegangen ist. Aber nach dem Scheitern des CO_2-Gesetzes waren wir die Ersten, die in einem Drei-Säulen-Konzept mit Fokus auf die Gebäude, die Mobilität und die Industrie aufgezeigt haben, wie es weitergehen könnte: Ablösung der CO_2-Abgabe auf Brennstoffe durch ein Gebäudeprogramm 2.0, Optimierung des Kompensationssystems für Treibstoffimporteure und Ausweitung der Zielvereinbarungen auf alle Unternehmen. Wir wollen eine intakte Umwelt, einen sauberen Planeten und den Ressourcenverschleiss minimieren. Deshalb braucht es auch endlich eine konsequente Bepreisung des CO_2-Ausstosses. Die Einnahmen sollen aber dem Volk zurückgegeben und nicht in die Staatskasse gespült werden.

Moser: Wir fordern seit unserer Gründung eine konsequente Lenkung auf Treibhausgase. Leider war auf die FDP da nie Verlass. Wenn es konkret wird, seid ihr immer dagegen. Ein theoretisches Konzept vorzustellen, ist nicht so schwierig. Aber im Denken über Jahre hinweg Lösungen vorzuschlagen und im Rat konsequent abzustimmen, damit erbringt man den Tatbeweis. Gutes Beispiel ist auch die Pestizidproblematik. In der Theorie seid ihr für die Reduktion der pestizidintensiven Subventionen. Im Rat stimmt ihr dagegen. Es gibt so viele Beispiele. Anfang der 1990er-Jahre hat sich die FDP von der Umweltpolitik verabschiedet. Ich bin seit 2007 im Rat. Seitdem ist die FDP wahrlich kein verlässlicher Partner mehr. Ich wäre noch so froh, wenn die FDP bei liberalen Lösungen in der Umweltpolitik mithelfen würde, die Umwelt- und Klimapolitik pauschal als links zu bezeichnen.

Silberschmidt: Was dich an dieser Links-rechts-Kategorisierung ärgert, nervt mich an der liberal-neoliberalen Einteilung. Ich bin nicht der Liberale, der sagt, jeder Einzelne müsse seinen Profit erwirtschaften und dann sei alles super. Jede liberale Gesellschaft braucht Spielregeln. Das motiviert mich auch, mich beruflich bei einem Familienunternehmen zu engagieren. Dort heisst es nicht, «was gut ist für die Familie, ist gut für die Firma», sondern dort wird der Standpunkt vertreten, «was für die Firma gut ist, ist auch für die Angestellten und damit auch für die Familie gut». Das Denken in Generationen ist für mich eine Selbstverständlichkeit. Mit anderen Worten – wir sind nicht weit voneinander entfernt. Es braucht aber nicht nur schöne Worte, sondern auch den Tatbeweis im Parlament. Da stellte ich fest, dass ihr viel ausgabenfreudiger mit dem Geld der Steuerzahler umgeht als wir Freisinnigen. Damit werden die Wirtschaft und die Bevölkerung immer stärker eingeschränkt. Denn das Geld des Staats ist das Geld der Bevölkerung.

Moser: Das ist eine sehr einseitige Betrachtung! Wir haben die kurzfristig gedachte zusätzliche Militärausgabe im Gegensatz zu euch abgelehnt. Die FDP hat hier einfach mal spontan und grosszügig geholfen, das Budget von 5 auf 9 Milliarden aufzustocken. Ohne saubere Analyse, ohne zu überlegen, woher das Geld kommt und wo es nachher fehlt. Die Weltlage hat sich mit der Ukrainekrise verändert, und wir müssen über eine Erhöhung der Militärausgaben nachdenken. Aber nicht zum Selbstzweck. Dass die FDP die Militärausgaben erhöhen wird, hat sehr stark mit dem Militär zu tun und weniger mit der Analyse der Sicherheitslage der Schweiz. Wenn wir das Militärbudget erhöhen, dann erst nach einer sauberen politischen Analyse und eingebettet in die internationale Lage und nicht einfach, weil die Schweizer Armee mehr Geld will. Das Gleiche gilt für die Bildungsausgaben. Wir müssen wegen der zunehmenden Isolierung der Schweiz in Europa – Stichwort «Horizon Europe» – zusätzlich investieren. Was mit der Annahme des EU-Rahmenabkommens vermeidbar gewesen wäre. Die Teilnahme an den europäischen Abkommen zu verhindern und dann keine nationalen Mittel zu sprechen, wäre für die Forschung verheerend.

Silberschmidt: Für uns ist die Offenheit gegenüber der EU, aber auch der ganzen Welt, doch eine Selbstverständlichkeit. Unser alt Bundesrat Schneider-Ammann hat viele neue Freihandelsabkommen abgeschlossen. Wir haben auch die bilateralen Verträge, insbesondere die Personenfreizügigkeit, vom ersten Tag an aufgebaut und stehen vollkommen dahinter – wie im Übrigen auch im Bereich der Wissenschaft und «Horizon Europe». Unsere Forderung zur Erhöhung des Armeebudgets nach dem Einmarsch von Russland in die Ukraine war lediglich ein Auftrag an den Bundesrat, um in den kommenden Jahren gewisse Beschaffungen zu priorisieren. Ich staune schon, wenn wir während eines Kriegs in Europa anscheinend immer noch diskutieren müssen, ob die Schweizer Armee gestärkt werden müsse oder nicht. Fakt ist: Ein souveräner Staat braucht starke Institutionen, welche die Sicherheit von Land und Leuten gewährleisten. Ich bin mir bewusst, dass wir sicherheitspolitisch in ein engmaschiges Sicherheitsnetz verflochten sind. Jede internationale Handlung hat auch Konsequenzen für die Schweiz. Damit das Sicherheitsnetz optimal greift, haben wir auch in der internationalen Zusammenarbeit unsere Hausaufgaben zu erledigen. So zum Beispiel bei der Prüfung einer Ausweitung der Zusammenarbeit mit der NATO oder dem Einsatz für eine nachhaltige Entwicklungshilfe. Auch da ist die FDP ein verlässlicher Partner.

Moser: Gerade bei der Entwicklungshilfe seid ihr ein schwieriger Kandidat, weil ihr zu kurzfristig denkt. Bei der Entwicklungshilfe geht es neben der internationalen Verantwortung auch um Nachhaltigkeit und um Migration – es geht also um unsere ureigenen Interessen. Die nordischen Länder sind bei 1 Prozent, wir bei 0,4 Prozent des Bruttoinlandprodukts. Bei der Erhöhung zieht die FDP mehrheitlich nicht mit. Wenn man sich international verpflichtet hat, trägt man eine globale Verantwortung. Natürlich frage auch ich mich immer, was es kostet. Mindestens so wichtig ist aber das langfristige Denken. Das gilt beispielsweise auch für den

Abbau der Coronaschulden. Wir müssen den Schuldenberg abtragen, aber vielleicht nicht ganz so schnell, wie ihr das wollt.

Silberschmidt: Es scheint nicht wirklich glaubwürdig zu sein, die Corona-schulden – wenn auch langsamer als die FDP – abbauen zu wollen und mit dem Stimmverhalten im Parlament gleichzeitig Mehrausgaben von gut einer halben Milliarde beschliessen zu wollen und die Wirtschaft zu lähmen, indem man zusätzliche Regulierungen verlangt. Natürlich findet man im Einzelfall stets eine Begründung, wieso sich eine zusätzliche staatliche Intervention rechtfertigen könnte. Da sind wir einfach kritisch und meinetwegen auch etwas strukturkonservativ, indem wir die Markt-wirtschaft, die Freiheit sowie den Grundsatz des Privateigentums und der Vertragsfreiheit nicht bei jeder Gelegenheit über den Haufen werfen. Wie schon gesagt: Liberal sein ist kein Wunschkonzert.

Moser: Die FDP vertritt stark die Brancheninteressen. Die GLP ist freier, für volkswirtschaftliche Interessen einzustehen, weil wir weniger Interessenabhängigkeit haben. Parlamentsmitglieder, die über Mandate mehr verdienen als über ihr eigentliches Parlamentsmandat, begeben sich in Abhängigkeit. Bundesrat Ignazio Cassis ist das beste Beispiel dafür. Von 2012 bis zu seiner Wahl in den Bundesrat im Jahr 2017 war er Präsident des Krankenkassenverbands Curafutura und erhielt dafür mit etwa 180 000 Franken weit mehr als für das gesamte Nationalratsmandat. Solche Abhängigkeiten machen eine Suche nach einer ausgewogenen Lösung im Interesse des Landes schwierig. Wir können freier denken, um zu liberalen Lösungen zu kommen. Ich verstehe ja, dass der traditionelle Freisinn historisch gewachsen ist und es deshalb für euch nicht so einfach ist. Aber man kann Firmen und Institutionen möglichst viel Freiheit gewähren, ohne dass man deswegen eine Interessenkollision eingehen muss durch die Bekleidung solcher Mandate.

Sie sind Vorstandsmitglied von Schweiz Tourismus, ein bezahltes Mandat. Da fehlt es auch Ihnen an Unabhängigkeit.

Moser: Als man mich für das Mandat anfragte, sagte ich klar, dass meine persönliche und die parteipolitische Haltung Vorrang habe und dass ich Tourismus-Subventionen im Grundsatz ablehne. Sie wollten mich trotzdem, und die Entschädigung steht mit 10 000 Franken in keinem Verhältnis zu den erwähnten Mandaten. Als Vorstandsmitglied war ich bei der Umsetzung der Masseneinwanderungsinitiative beteiligt, die für den Tourismus enorm belastend war. Es war also sicherlich kein Nachteil, dass ich als Parlamentarierin dieses Mandat ausübe.

Silberschmidt: Ich finde es jeweils lustig, wenn man gegen Mandate im Generellen pauschal kritisiert, aber die eigenen und die seiner Parteikolleginnen und -kollegen dann schönredet. Eine «Verbandelung» mit der Wirtschaft und Gesellschaft ist per se nicht zu verurteilen. Wir haben schliesslich ein Milizparlament, und den Austausch mit den Menschen und Unternehmen – in welcher konkreten Form auch immer – nehme ich als bereichernd wahr. Als Entscheidungsträgerin und Entscheidungsträger muss man wissen, wo der Schuh drückt und wo auf konkrete Verbesserungen hingearbeitet werden muss. Um konkret Einfluss zu nehmen, ist ohnehin entscheidender, in welcher parlamentarischen Kommission man sitzt, wie man sich in dieser verhält. Zudem sind die Interessenbindungen transparent. Als Mitarbeiter der Planzer-Gruppe, eines Familienunternehmens im Verkehrslogistikbereich, habe ich nicht plötzlich das Bedürfnis, in der Verkehrskommission Einsitz zu nehmen. Jede Politikerin, jeder Politiker muss es mit sich selbst ausmachen, welches Mandat sie oder er wie ausüben will. Rechenschaft müssen wir dem Wahlvolk ablegen. Die FDP hat historisch wichtige Errungenschaften erreicht und wichtige Institutionen aufgebaut. Nicht zuletzt auch dank der Vernetzung mit der Wirtschaft wissen wir, wo der Schuh drückt. Wir stehen in regelmässigem Kontakt mit der Wirtschaft und der Wissenschaft. Das ist gut so und ermöglicht uns, unseren Wohlstand auszubauen. Deshalb müssen wir uns nicht schämen, als Wirtschaftspartei bezeichnet zu werden. Im Gegenteil: Dass es der Schweiz gut geht, hat massgebend mit der FDP zu tun. Es ist ein Verdienst der FDP, dass wir in der Schweiz seit Jahrzehnten praktisch eine Vollbeschäftigung haben.

Moser: Die GLP wurde vor den letzten eidgenössischen Wahlen als wirtschaftsfreundlichste Partei bezeichnet. Es ist zwar eine Definitionsfrage, was wirtschaftsfreundlich ist und was nicht. Bei uns steht das volkswirtschaftliche Interesse im Vordergrund. Was für den Finanzsektor gut ist, ist nicht zwingend für die gesamte Volkswirtschaft gut, was für die Landwirtschaft gut ist, ebenso wenig. Man muss immer eine Güterabwägung vornehmen. Aus wirtschaftspolitischer Sicht ist es momentan am wichtigsten, die Europapolitik zu stabilisieren. Das hat der gegenwärtige FDP-

Parteipräsident wahrlich nicht getan. Er hat mitgeholfen, das Rahmen-abkommen zu versenken. Was zu desaströsen Folgen führt. Zum Beispiel in der Forschungspolitik, weil wir nicht mehr bei «Horizon Europe» dabei sind. Auch der Maschinenindustrie wurde mit dem Abbruch des Rah-menabkommens kein Gefallen getan. Wenn das nicht Wirtschaftspolitik ist! Ausgerechnet die Wirtschaftspartei FDP trägt hier eine erhebliche Mitschuld.

Silberschmidt: In der Europapolitik ist es in den letzten Jahren nicht ge-lungen, dem Volk den Nutzen eines neuen Vertragspakets zu erklären. Darunter litt der Rückhalt des mittlerweile gescheiterten Rahmenab-kommens. Die FDP hat das Rahmenabkommen nicht bekämpft. Aber es gab berechtigte Gründe, kritisch zu sein. Die Übernahme der Unions-bürgerrichtlinie oder der «Super-Guillotine-Klausel» hätten weitrei-chende staatspolitische und finanzielle Folgen gehabt. Blinde Offenheit als Selbstzweck hilft uns in dieser komplexen Angelegenheit nicht wei-ter. Mit dem Mut zur kritischen Betrachtung und dem Tragen der Kon-sequenzen daraus sind wir eben nicht nur eine Wirtschaftspartei, son-dern tragen auch eine Verantwortung gegenüber dem Volk und dem Staatswesen. Wir werden die Situation mit der EU stabilisieren können. Nicht heute und nicht morgen, aber wir werden sie stabilisieren. Das gehört zur staatspolitischen Verantwortung, die wir als Regierungspar-tei tragen.

Moser: Wir sind teilweise staatstragender als die bürgerlichen Parteien, die in der Regierungsverantwortung stehen. Schliesslich hat die FDP die Mehrheit im Europa-Ausschuss des Bundesrats. Diesem gehören die bei-den FDP-Bundesräte und SVP-Bundesrat Guy Parmelin an. Ihr Verhalten war nicht sehr lösungsorientiert, sie tragen eine wesentliche Mitverant-wortung am desaströsen Zustand der Europapolitik.

Die GLP gilt als lösungsorientiert, stilmässig korrekt und reformorien-tiert. Sichtbar wird das aber selten.

«Wir wollen als Partei moderner und jünger werden. Wir finden uns nicht in der ganzen Breite wieder, die wir eigentlich vertreten.» (Silberschmidt)

Moser: Wir müssen trotz unserer Lösungsorientierung ler-nen, sichtbarer und lauter zu werden. Wenn man an Lösungen arbeitet und diese herbeiführen will, steht die Sachorientierung oft über der Bedeutung der Aussen-orientierung jedes Einzelnen. Da haben es die Polparteien einfacher.

196

Silberschmidt: Da sind wir im gleichen Boot. Im sach- und lösungsorientierten Ständerat stellen wir ein Drittel der Mitglieder. Aber wir wollen als Partei moderner und jünger werden. Wir finden uns nicht in der ganzen Breite wieder, die wir eigentlich vertreten. Wir werden immer als «alt» wahrgenommen. Das hat auch historische Hintergründe: Wenn man als Partei jahrelang immer etwas an Wählerstärke einbüsst, fehlt es in den Fraktionen an jungen, aufstrebenden Kräften. Wenn man viel gewinnt und dann wieder viel verliert wie die SVP oder viel gewinnt wie die Grünen oder die Grünliberalen, hat man es einfacher, neue Kräfte zu positionieren. Der FDP, die weder viel gewinnt noch viel verliert, fällt es schwer, neue Leute ins Parlament zu bringen. Wir müssten deshalb ernsthaft über eine Amtsguillotine nachdenken. Es bewegt sich wenig, wenn man jahrzehntelang die gleichen Köpfe sieht. Ungeachtet dessen sage ich selbstkritisch, dass wir mehr Frauen gewinnen müssen. In den Fraktionen im Bund und in den Kantonen haben wir sehr gute Frauen. Ihnen müssen wir besser zuhören und eine Plattform geben. Denn Vielfalt belebt den Wettbewerb und bringt bessere Lösungen.

> *«Wir müssen trotz unserer Lösungsorientierung lernen, sichtbarer und lauter zu werden.»*
> *(Moser)*

Auch bei der GLP hat man den Eindruck, dass immer die gleichen Köpfe in Erscheinung treten.

Moser: Angesichts unserer Grösse – noch sind wir eine kleine Fraktion – können wir doch mit einer rechten Breite aufwarten. Wir haben zudem einen Frauenanteil von 50 Prozent in der nationalen Fraktion und sprechen dadurch auch viele Frauen an. Teil des Parteilebens ist es, viel von sich preiszugeben. Das fällt vielen von uns nicht einfach. Zudem werden die Bundesratsparteien überdurchschnittlich oft von den Medien berücksichtigt. Wenn man keine Bundesratspartei ist, muss man doppelt so gut sein, um wahrgenommen zu werden.

Die GLP wird doch geliebt von den Medien!

Moser: Wir werden nicht mehr oder weniger gemocht als die anderen Parteien. Um Aufmerksamkeit müssen wir aber mehr kämpfen als andere. Wir müssen mindestens doppelt so gut sein, um Aufmerksamkeit zu erhalten. Wir wachsen von unten, kommen in den Gemeinden, grösseren Städten und Kantonen immer häufiger in die Exekutive. Wir etablieren uns und verzeichnen ein stetiges Wachstum und haben viele, die sich engagieren wollen. Das ist erfreulich, aber der Weg ist noch weit, und nichts ist garantiert.

Warum haben Sie denn so wenige Unternehmerinnen und Unternehmer in Ihrer Partei, wenn Sie, wie Sie sagen, als wirtschaftsfreundlichste Partei bezeichnet werden?

Moser: Unser Parteipräsident ist Unternehmer und prägt natürlich das Denken in der Partei stark mit. Aber es stimmt, wir hatten mal Wähleranteile verloren, auch wir kennen also Hochs und Tiefs. Während dieser Delle haben wir ein paar Unternehmer als Nationalräte verloren. Aber in einer Firma operativ tätig sein, sie zum Erfolg führen und gleichzeitig im Parlament Verantwortung übernehmen, das geht fast nicht. Entscheidend ist für mich nicht die Zahl der Unternehmenden in einer Partei, sondern wie man das unternehmerische Denken in der Politik ermöglichen kann. Wenn man Lösungen und Kompromisse im Parlament mehrheitsfähig machen will, muss man dies im intensiven Austausch und in intensiver Arbeit tun. Kein wissenschaftliches Institut wird Lösungen erarbeiten können, die man dann im Parlament präsentieren kann und die dann auch angenommen werden. Das gelingt allenfalls unter Einsatz erheblicher nur schon zeitlicher Ressourcen. Andri und ich sind beide in der staatspolitischen Kommission. Da stellen wir fest, dass das Milizsys-

tem in der Theorie sehr sinnvoll, in der Praxis aber schwierig durchzusetzen ist. Wenn wir nicht wollen, dass die Verwaltung (und nicht der Bundesrat!) dominiert – und mich dünkt, das ist immer mehr der Fall –, müssen wir das Parlament reformieren. Sonst bekommen wir nicht die demokratisch breit abgestützten Lösungen, sondern es stehen sich die Lösungen der Verwaltung und jene der Interessenvertreter gegenüber. Diese werden dann einfach ausgemehrt.

Silberschmidt: Da stimme ich zu 100 Prozent bei. Wir müssten über die Ressourcen des Parlaments nachdenken. Es geht nicht um mehr Sitzungen und auch nicht um höhere Löhne für die Parlamentsmitglieder, sondern um Ressourcen, die es erlauben, dass man in der Erarbeitung der vorberatenden Geschäfte mehr Support erhält. Damit man in den Kommissionssitzungen nicht nur den Antrag begründet und darüber abstimmt, sondern sich wirklich mit der Thematik auseinandersetzt und auf Lösungsvorschläge eingehen kann. Man sollte Vorschläge diskutieren und dadurch zu tragfähigen, aufgrund fundierter Vorarbeit erarbeiteten Lösungen kommen. Die allermeisten Parlamentsmitglieder sind nicht in der Lage, abends vor der Sitzung noch schnell ein Geschäft auf seine ökonomischen Folgen hin zu prüfen. Also verlässt man sich entweder auf die durch die Verwaltung geprüfte Vorlage, was nicht gerade der Gewaltentrennung entspricht, oder man lässt die Arbeit durch einen Verband machen. Zugunsten eines qualitativ befriedigenden Parlamentsbetriebs müssten die parlamentarischen Dienste ausgebaut werden. Aber sobald man so etwas vorschlägt, wird die Diskussion gleich mit zwei Killerargumenten – «das widerspricht dem Milizsystem», «wo bleibt mehr Freiheit – weniger Staat?» – im Keim erstickt. Die Begleitung der immer komplexeren und international verflochteneren Geschäfte durch die Verwaltung ist nicht im Sinn der Bevölkerung. Diese Arbeit müsste durch das Parlament erfolgen, und dafür bräuchten wir mehr Unterstützung innerhalb des Parlamentsbetriebs.

Tiana Angelina Moser (1979) ist eine Grünliberale der ersten Stunde und war aktiv am Aufbau der Partei beteiligt. Zuerst in Zürich, wo die GLP gegründet wurde, danach auf eidgenössischer Ebene. 2007 wurde sie in den Nationalrat gewählt, seit 2011 ist sie Fraktionschefin der ständig wachsenden Partei. Die im Zürcher Oberland aufgewachsene Moser hat in Zürich und Barcelona Politik-, Umweltwissenschaften und Staatsrecht studiert und danach als Wissenschaftlerin an der ETH Zürich gewirkt. Sie hält sich mit Mandatsübernahmen bewusst zurück. Im Februar 2023 setzte sie zum Sprung in den Ständerat an.

Andri Silberschmidt: siehe Biografie im ersten Gespräch mit Pascal Couchepin (Seite 24).